Verlag Landliege

Gerhard Raff

KANN AUCH HOCHDEUTSCH

Schöne freche Geschichten
mit köstlichen Karikaturen von
Dieter Groß

Landhege Verlag

Die Deutsche Bibliothek – CIP-Einheitsaufnahme

Raff, Gerhard:
Kann auch Hochdeutsch
Illustriert von Dieter Groß

© 2013 Landhege Verlag, Schwaigern
www.landhege-verlag.de

Illustrationen: Professor Dieter Groß, Stuttgart
Umschlaggestaltung: Ilona Bucher, Berlin, www.fraubucher.de
unter Verwendung der Wappen-Illustration von Prof. Dieter Groß,
des Fotos »Silberdistel« von Sonja Trejo und der Betonwand von Vasca, www.shutterstock.com
Typographische Gestaltung und Satz: Dörr und Schiller GmbH, Stuttgart
Druck und Bindung: CPI books GmbH, Ulm

Druck ISBN: 978-3-943066-22-7
EPub ISBN: 978-3-943066-23-4

Dieses Buch unterstützt den Bau des Kinderhospizes in Stuttgart
Weitere Spenden bitte an
Kinderhospiz Stuttgart
Konto 2 071 020
BW-Bank
BLZ 600 501 01

DER DR. RAFF VON DEGERLOCH
ER LEBE LANG UND 3 × HOCH!

LORIOT

ZUM 13.8.06

UND DER VICCO
VON BÜLOW
= LORIOT
EBENSO!

Gerhard Raff

ZUM 12.11.06

Inhaltsverzeichnis

Vorwort

Auf den Tag genau zwölf Jahre vor der weltbewegenden Ansprache des sechsten Bundespräsidenten Richard Freiherr von Weizsäcker im Bonner Bundestag zum Ende des Zweiten Weltkrieges, am 8. Mai 1973 erhielt der zum schwäbischen Kolumnisten der »Stuttgarter Zeitung« berufene Verfasser unter dem eindeutig zweideutigen Titel »Degerlocher Löcher« erstmals in diesem Intelligenzblatt eine Geschichte aus seiner so manchem mimosenhaften Mitmenschen viel zu frechen Feder abgedruckt. So dass er heuer im Frühjahr in aller Stille sein vierzigjähriges Betriebsjubiläum als Dialektschreiber bei diesem papiernen Premiumprodukt begehen konnte.

Ein Jahr später hat er dann in der Überschrift über einem Beitrag vom 13. Mai 1974 den mittlerweile im ganzen deutsch-österreichisch-schweizerisch-liechtensteinisch-elsässisch-südtirolischen und Eupener Sprachraum geläufigen und gebrauchten Begriff »Mund-Art« erfunden und mit selbiger bis zum heutigen Tage eine bedeutende Anzahl Leser/innen erfreut. So dass eine 1985 bei der Deutschen Verlags-Anstalt in Stuttgart unter dem von Herrn Oberbürgermeister Manfred Rommel in einem Leserbrief aufgezwungenen Titel »Herr, schmeiß Hirn ra!« erschienene und unter vielem anderen auch mit dem Thaddäus-Troll-Preis ausgezeichnete Sammlung der Geschichten den Verfasser nahezu über Nacht zum Best- und Longseller- und weltweit »meistgelesenen Dialektautor der Gegenwart« (DVA) gemacht hat.

Trotz einer hohen Wertschätzung bis in die Feuilletons überregionaler Wettbewerber hinauf, trotz ungezählter Lobeshymnen bedeutender Geister, etwa

»Das entzückende Gegenstück zu meinen schwäbischen Gedichten« *(Sebastian Blau)*
»Sie sind der Mozart der Mundartdichtung« *(Albrecht Goes)*
»Ihr schwäbisches Buch hat mir etliche gute Stunden gebracht« *(Heiner Hesse)*
»Seit Hölderlin hat mir kein Schwabe mehr so viel Freude gemacht wie dieser Raff« *(Werner Walther de Reconvillier)*
»Der Dr. Raff von Degerloch / Er lebe lang und 3 × hoch!« *(Loriot)*
»Ihr wunderbar köstliches Büchlein, an dem ich mich während des Lachens manchmal fast verschluckt hätte.«
(Matthias Richling)
oder nicht zuletzt das originelle Lobesliebesgedicht von Richard Freiherr von Weizsäcker (Seite 233)

kamen und kommen in periodischen Abständen wie das Neckarhochwasser bei dem auch für seinen vielleicht doch etwas übertriebenen Hang zur Selbstironie bekannten Verfasser dronternei immer mal wieder völlig ironiefreie Schreiben an (vornehmlich bei Vollmond) mit bitterbösen Beschwerden über »dieses unleserliche Geschriebsel« und wird darin unser wohlklingendes wunderschönes Schwäbisch (neben Griechisch und Lateinisch die wichtixte Kultursprache des Abendlands) gar als »ordinärer Stuttgarter Straßenkandel-Jargon« und »Bauerngeschwätz« und »Proletenslang« niedergemacht.

Und nicht einmal der dezente Hinweis, dass der Verfasser mit Hilfe der so verachteten und zum Aussterben verdammten Muttersprache der zwei Alberts (Magnus & Einstein) und drei Friedriche (Barbarossa, Schiller & Hölderlin) jahrzehntelang Jahr für Jahr jeweils hohe sechsstellige Beträge für tausenderlei soziale, ökologische und kulturelle Projekte in alle Welt verstiften konnte und kann (die Schwäbische Zeitung spricht von einer insgesamt »zweistelligen Millionensumme« und liegt damit genau richtig), hat diese notorischen Schwäbischhasser zum verschämten Schweigen gebracht.
Auch nicht die wissenschaftlich fundierte Feststellung seines väterlichen Freundes und Förderers Thaddäus Troll selig aus Cann-

statt: »Das Hochdeutsche ist ein Klavier, das Schwäbische aber eine Orgel.«

Auch nicht die wunderschönen Worte des Herrn Nobelpreisträgers Hermann Hesse selig aus Calw:
»Zu diesem schwäbischen Geist gehört, wie mir scheint, ein Stück Poesie, ein gutes Stück Phantasie und Warmblütigkeit, dazu eine Freude am Einfachen und Stillen, ein gewisser heimlicher, dauernder Protest gegen Berlin, es gehört weiter dazu Humor und Kunstsinn und das Wissen um den Reiz und Reichtum der heimatlichen Mundart.«

Und auch nicht die allerhöchste Wertschätzung des Dialekts, die diesem und seinen Schreibern noch in den klassischen Glanzzeiten Goethes (Seite 58) entgegengebracht wurde. Ja nicht einmal die Tatsache, dass Genies wie Schiller (neben Dante, Shakespeare und Johann Peter Hebel, wenn nicht Europas, wenigstens der Welt größter Dichter) und Hegel (gescheitester Kopf ganz Germaniens) wie selbstverständlich broitestes Schwäbisch gesprochen haben.

Erfreulicherweise aber ergab eine in der Sauregurkenzeit des Sommers 2008 durchgeführte Volksabstimmung in der »Stuttgarter Zeitung«, dass sich über 90 % der Leserschaft für die Beibehaltung des Dialekts in der (neuerdings jetzt dienstäglichen) Serie »Raffs Raritäten« aussprachen.

Angesichts dieses geradezu fast volksdemokratisch-ostzonal anmutenden Ergebnisses hat er sich dankbar gestärkt entschlossen, seiner werten Kundschaft auch fürderhin einen vermehrten, einem Kulturvolk aber zumutbaren Aufwand an Hirn bei der doch stets freiwilligen Lektüre seines Produktes abzufordern und ihr so en passant zusätzlich ein kostenloses wöchentliches Hirnjogging und Antialzheimertraining anzubieten.

Aber seine inbrünstige Bitte an die im Plebiszit unterlegene Miniminorität der Dialekastheniker, aus Toleranzgründen endlich Ruhe zu geben und halt oifach auf die Lektüre zu verzichten, so wie er beispielsweise die Lektüre der seitenlangen Börsenkurse oder der Ereignisse der Fußballspiele wie etwa FC Hebsack gegen SV Strümpfelbach oder gar BV Cloppenburg gegen SV Meppen zeitlebens »prinzipiell verweigert«, aber doch noch nie deren Abschaffung gefordert hat, blieb unerhörterweise unerhört.

Ein Beispiel aus jüngster Zeit (in originaler Ordogravieh zitiert): »Zugegeben, ich bin Norddeutschse – seit über dreißig Jahen in Ludwigsburg ansässig – und dürfte mir eigentlich kein Urteil über den schwäbischen Dialekt erlauben. Aber wenn ich als sehr interessierte Leserin … dann auf die schwäbische Sprache stoße, die in meinen Ohren und Agen geschrieben noch schrecklicher klingt als gesprochen, dann bin ich sehr enttäuscht.«

Seien wir also nicht unbarmherzig. Um die Enttäuschung dieser »Auswärtigen« mit ihren »media-analylischn Daten in der Regionalzeiung« und ihrer gleichfalls geifender Gesinnungsgenoss/inn/en etwas abzumildern, hat sich der für seine humane Haltung auch und gerade gegenüber asuevischen Menschenkindern mit hohen Orden ausgezeichnete Verfasser schweren und wunden Herzens entschlossen, des Buch da jetzt halt in hochdeutscher Sprache herauszubringen. Zumal er tränenden »Ages« und betrübten Ohres täglich feststellen muss, »ach, dass unsere heut'ge Jugend« (um mit Mörike zu sprechen) auch hierzuländle hauptsächlich dank allgegenwärtiger ekeltronischer Medien mittlerweile miteinander fast nur noch im brutalsten preußischen Kasernenhofgeschnarre konversiert. Und ihre »Sprache keine Heimat mehr« hat (um mit Thaddäus Troll zu sprechen). Und sich in seine nahezu täglichen »nulltariflichen und spesenfreien Benefizschwätzereien« kaum mehr Menschen in einem Alter von unter vierzig Jahren verirren und in nicht allzu fernen Tagen im schönen Schwabenland wohl koi Sau mehr dessen schöne Sprache schwätzen oder gar lesen wird.

• »DESINET AVDIRI MOX INTEGRA SVEBA LOQVELA« – »Bald wird der lautere Klang des lebendigen Schwäbisch verstummen« steht schon ahnungsvoll resignierend auf dem Grabstein des Gründers, Herausgebers und Chefredakteurs der »Stuttgarter Zeitung« Professor Dr. Josef Eberle alias Sebastian Blau (1901–1986) auf dem Rottenburger Sülchenfriedhof. An seiner Seite ruht seine Ehefrau Else, geborene Lemberger (1905–1989) von Rexingen. Sie war im letzten Kriegswinter in die Wälder entlang der Gäubahn geflüchtet, um dem bereits befohlenen Abtransport in den sicheren Tod zu entgehen und dort von guten braven Leuten mit schwäbisch piestistischer Geisteshaltung durchgefüttert und gerettet worden.

- »Die schwäbischen Häftlinge verbindet die gemeinsame Heimat. Wir betonen unsere Herkunft aus Württemberg und reden kräftig schwäbisch, wenn wir einander begegnen. Ein Stuttgarter Rechtsanwalt (Dr. Erich Dessauer aus der Uhlandstraße 21), der (am 16. Oktober 1944) in der Gaskammer von Auschwitz endete, grüßt sogar einmal ›Hie gut Württemberg allewege!‹« berichtet Maria Zelzer (1921–1999) in ihrem Buch »Weg und Schicksal der Stuttgarter Juden«.

- »Der Entwicklung unseres Volkes zur einheitlichen Nation stehen zweifellos die Mundarten, die Dialekte im Wege. Es kann deshalb nur das Ziel des Reiches sein, die Einheit auch in der Sprache anzustreben. Die Hochsprache ist mit Takt zu pflegen; es ist so zu verfahren, daß jede Förderung der Mundarten unterbleibt.« forderte einst Robert Heinrich Backfisch alias Robert Wagner (1895–1946), seit 1933 Reichsstatthalter und Gauleiter von Baden und seit 1940 Chef der Zivilverwaltung im eroberten Elsass in einem Erlass an das Unterrichtsministerium.

Angesichts solch einerseits eindrucksvoller und andererseits entlarvender Steitmenz bittet der Verfasser seine treue autochthone Leserschaft um Nachsicht und Verzeihung, wenn er mit diesem hochdoitschen Buch entgegen den bekannten Forderungen des Glockenspiels der Potsdamer Garnisonskirche mehr als einen Fingerbreit vom rechten schwäbischen Wege abkommt und hofft inniglich, dass diese bei der ungewohnten Lektüre nicht dasselbe ungute Gefühl im Magen überkommt wie den Autor, wenn er im

14

»Südpreußischen Rundfunk« in »Erwaatung« der Nachrichten »zwangswaise« zuvor jene halbdackeligen »Weebespotz« »anhoochen« muss, in denen unerträglich schnarrende »Maaktschraiaa« im Stile altgedienter preußischer Leutnants uns »eebaamungslos« weismachen wollen »Wiaa sind Wüüttembeeg« oder »Kennaa trinken Wüüttembeegaa« und uns vor dem »Wettaa« noch »kuuz« mitgeteilt wird, dass es auf der Autobahn »Stuttgaat-Kaalsruhe an der in den »Noodschwaazwald« führenden »Ausfaaht Pfoozheim« einen schlimmen »Verkeehsunfall« mit einem (von einer »Paaty« in »Nüütingen am Neckaa« kommenden und nach »Kaalsbaad untaaweegs geweesenen«) »Spootwagen der Maake Poosche« gegeben hat und deshalb die »Veekeehsteilneehmaa« in einem »drai Kiiloomeetaa« langen Stau die »Beegungsaabeiten abwaaten« müssen und die »Faahbahn« für den »Notaarzt« und die »Rettungsfaahzoige fraihalten« sollen.

»Aames Baaden-Wüüttembeeg. Daa sind wiaa daheim!«

Ond jetz frei nach Vettaa Theodoa Hoiss:

»Und nun lest mal schön!«

Degerloch, am 745. Todestag des »letzten Staufers« Konradin, König von Jerusalem und Sizilien, Herzog von Schwaben

Gerhard Raff

15

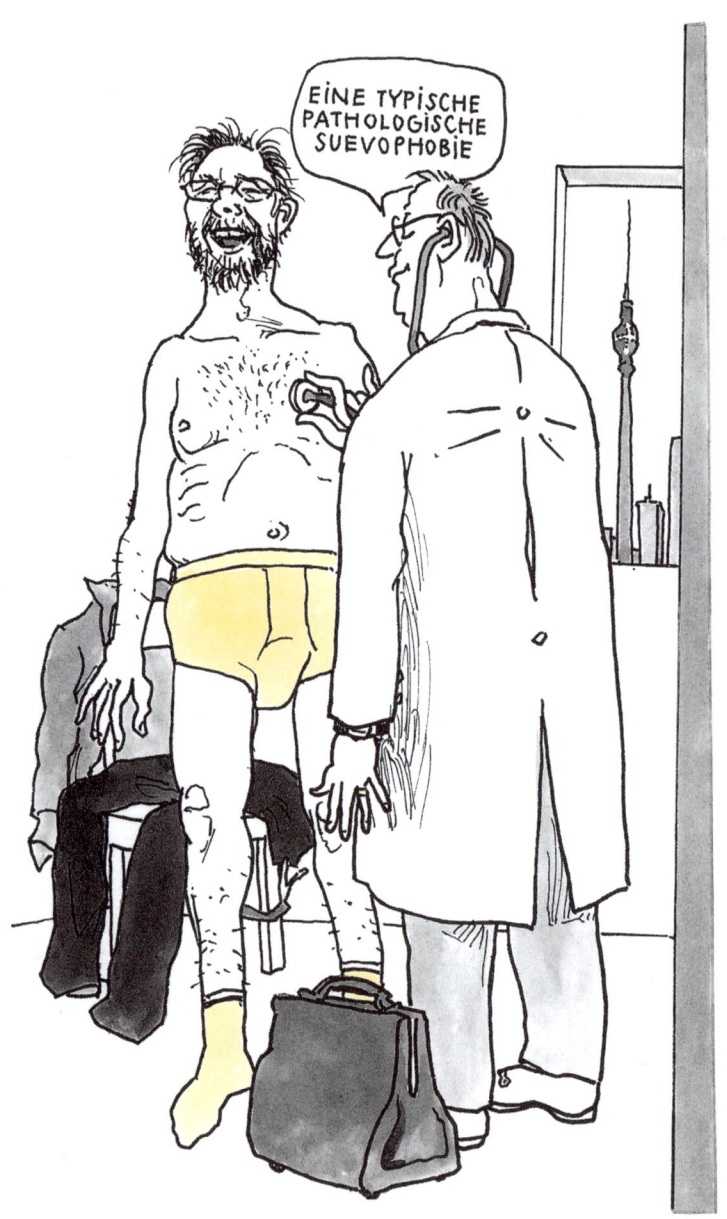

Zweitausend Jahre Schwaben in Berlin

Vorbemerkung zum besseren Verständnis:

In der seit Urzeiten am Tropf des Länderfinanzausgleichs hängen-
den Bundeshauptstadt Berlin – nach Aussagen der dortigen Stadt-
spitze »arm, aber sexy« – kommt es immer wieder zu rassistisch
bedingten und in ökonomischem Neid begründeten, teilweise geradezu kriminellen Feindseligkeiten gegenüber Mitbürgerinnen
und Mitbürgern mit schwäbischem Migrationshintergrund. Ein
durch altwirtembergische Nationaltugenden wie Fleiß, Sparsam-
keit, Kehrwoche, Präzision, Perfektion und ein dank einer bereits
Mitte des 16. Jahrhunderts vom angestammten Fürstenhaus ver-
fügten progressiv-demokratischen Schulpolitik hervorgerufener
intellektueller Vorsprung hat schon kurz nach dem überfälligen
Abgang des auf Bespitzel-, Faulenzer- und Tranfunzelei begründeten Honeckerschen Wirtschaftssystems einen bescheidenen,
aber verdienten Wohlstand entstehen lassen, der in den dort
schon seit längerer Zeit beheimateten bildungsfernen und schaf-
fereientwöhnten Schichten und damit traditionell und generatio-
nenlang auf »Stütze« angewiesenen und »Hartz IV« als Berufsziel
und Lebensperspektive aussuchenden Kreisen unverständlicherweise natürlich einen gewissen Unmut hervorgerufen hat.

Statt sich nun in dieser Auseinandersetzung schützend auf die
Seite der ihn finanzierenden, mit Ausnahme ihrer herkömm-
lichen Sprachmelodie voll assimilierten und beispielhaft inte-
grierten braven schwäbischen Zuwanderer und Exilanten zu
schlagen, hat sich der ultraprenzlaumontane Herr Bundestags-
präsident a. D. Bundestagsvizepräsident Wolfgang Thierse um die
Jahreswende 2012/13 mit schon mehr als saublöd zu bezeichnen-

17

den Äußerungen in der »Berliner Morgenpost« ein geistiges Armutszeugnis ausgestellt. Unter anderem mit Sätzen wie diesen: »Ich wünsche mir, dass die Schwaben begreifen, dass sie jetzt in Berlin sind und nicht mehr in ihrer Kleinstadt mit Kehrwoche« und »Ich ärgere mich, wenn ich beim Bäcker erfahre, dass es keine Schrippen gibt, sondern Wecken.« In Berlin sage man Schrippen – »daran könnten sich selbst Schwaben gewöhnen«

Nachfolgend nun meine unfreiwillige (so ebbes sott mr ja net amol ignoriere), von der zahlenden Leserschaft der »Stuttgarter Zeitung« aber demokratisch erzwungene reziplikativ progressive Reaktion auf Thierses Lettengeschwätz:

Eigentlich hätte der Verfasser die bundesweit bekannt gewordenen, von einer gewissen Cerebralinsuffizienz zeugenden Aussagen eines vom viel zu gutartigen deutschen Steuerzahler ausgehaltenen Herrn Bundestagsvizepräsidenten namens W. Th. (Name der Red. und ihrer Kundschaft bekannt) schon aus lebenszeitökonomischen Gründen unkommentiert gelassen. Aber nachdem ihn gefühlte zweitausend Landsleute und Leser/innen tagelang am Telefon und selbst im Öffentlichen Personennahverkehr zu einer gutachterlichen Stellungnahme aufgefordert haben und zudem am vergangenen Freitag der langjährige Vorsitzende des 1869 gegründeten »Vereins der Württemberger in Berlin«, der blitzgescheite und überaus liebenswürdige Professor Dr. Dr. Bert Schlatterer aus Kleinmachnow in seiner und Hermann Hesses Calwer Heimat zu Grabe getragen wurde, sieht er sich moralisch gezwungen, doch noch seinen Senf abzuliefern.

Gleich vorweg, er teilt die von seinem Landsmann und Bestsellerautorenkollegen Ulrich Kienzle in einem persönlichen Schreiben an den Herrn Bundestagsvizepräsidenten wörtlich wiedergegebene Einschätzung, selbiger sei kein »Halbdackel« sondern ein »Grasdackel« vollinhaltlich. Denn auch ein, verglichen mit einem Sparkassendirektor in Bottrop, seine Brötchen (Schrippen, Weckle) viel schwerer verdienender Politiker in Berlin sollte das Hirn einschalten, ehe er seine Gosch aufmacht.

Und dennoch hat der so wild aussehende und so riegelsdomm rausschwätzende Mann mildernde Umstände und unser tief empfundenes Mitleid verdient. Denn kann man von einem aus Breslau stammenden, der Gnade der schwäbischen Geburt nicht teilhaftig gewordenen und nicht im »Land der hellen Köpfe und der geschickten Hände« geschulten, sondern unter der stiefmütterlichen Fürsorge einer lilahaarigen Ministerin für Volksbildung namens Margot Honecker, geborene Feist aus Halle an der Saale, herangewachsenen Abiturienten erwarten, dass er weiß:

Erstens, dass der einst aus der ostseeischen Urheimat, vom »Mare Suebicum« – dem verglichen mit dem bescheidenen Bodensee eigentlichen »Schwäbischen Meer« – losgezogene, etwa seit Christi Geburt rechtmäßig an Havel, Spree und Elbe ansässige hochintelligente Stamm der Schwaben jenen für den Anbau von Trollingerrebstöcken so gänzlich ungeeigneten Landstrich einst freiwillig und entschädigungslos geräumt hat, um sich dann seit anno 259/60 unter Überwindung des vom römischen Kaiser Hadrian und seinen Nachfolgern errichteten antischwabistischen Schutzwalls namens Limes im Rahmen der allgemeinen Völkerwanderung hier an Nesenbach, Neckar, Rems, Reuß, Rhein und Donau niederzulassen.

Zweitens, dass das anno 1237 erstmals urkundlich erwähnte, anno 1307 dann mit dem erst anno 1244 in einer Urkunde auftauchenden Berlin zwangsvereinigte Städtchen Cölln an der Spree den lateinischen Namen »Colonia ad Suevum« (Kolonie zu den Schwaben) trägt.

Drittens, dass die Wiederbesiedlung der in der Völkerwanderung unserer so voreilig dem »schlawenischen Volck« überlassenen Ostgebiete hauptsächlich unter dem »edelsten Geschlecht, das je die deutsche Krone getragen« – unter unseren schwäbischen Hohenstaufen erfolgte: Unter Kaiser Friedrich I. Barbarossa »lobesam« war anno 1157 bereits das slawische »Brennabor« (Brandenburg) erobert, unter seinem als »erster Europäer« gerühmten Enkel Friedrich II. (»der größte unter den Fürsten der Erde und das Staunen der Welt«) war anno 1226 der mit nachgeborenen schwäbischen Ritterskindern aufgefüllte »Deutsche Orden« nach Preußen gerufen worden. Und man darf diesen uns besonnenen Schwaben rein rhetorisch so überlegenen Berliner Schnauzen und Schnellschwätzern ruhig mal sagen, dass es das urschwäbische Haus Hohenzollern war, das, anno 1415 auf dem Konstanzer Konzil mit der Markgrafschaft Brandenburg belehnt, seit 1451 von ihrem zu Cölln an der Spree errichteten Kurfürstlichen Schloss aus das hinterkiefernwäldlerische, provinzielle Preußen anno 1701 zum Königreich und schließlich anno 1871 zum Kaiserreich aufsteigen ließ – nachdem zuvor preußische Soldateska allhier die Achtundvierziger Revolution brutal niedergeschossen hatte und anno 1866 der aggressive Herr von Bismarck mitten im jahrzehntelangen Frieden in nicht eben freundschaftlicher Weise bei uns einmarschiert war und das Großherzogtum Baden samt dem Königreich Württemberg in eine »Colonia ad Prussorum« verwandeln konnte.

Solchem unfriedlichem und unterdessen völlig unschwäbischem hochnäsigem Gehabe vereint mit dumpfer Kasernenhofmentalität war es dann auch zuzuschreiben, dass es anno 1918 mit der Hohenzollernherrlichkeit vorüber war und anno 33 ein in seiner Heimat mit Recht erfolgloser Österreicher Anstreicher mit seiner grauslichen Gosch im großgoschigen Berlin Kanzler werden konnte und das Reich so total in den Abgrund führte, dass am traurigen Ende der »Uncle Joe« (der mit einem schwäbischen Mädle verheiratete Genosse Stalin) und der »Uncle Sam« (der aus dem Unterland stammende »Ike« Eisenhower) und der »John Bull« (mit dem mütterlicherseits dem Hause Württemberg-Teck entsprossenen König George VI.) und die »Marianne« (dank Charles de Gaulle, dem Général mit württembergischer Ahnentafel) das zerstörte Land im vormals ganz, jetzt gottlob wenigstens wieder teilweise schwäbisch besiedelten Potsdam unter sich aufteilen konnten.

Möglicherweise aber ist die pathologische Suevophobie des Herrn Th. ja auch mit den Albträume hervorrufenden Erinnerungen an aus Schwaben zugereiste Ostzonenobere wie den Cannstatter Pfarrersohn Edwin Hoernle (Zwangskollektivierer), den Feuerbächer Bauernsohn Heinrich Rau (Wirtschaftsminister), den Bietigheimer Arbeitersohn Kurtle Hager (Stuttgarter Wilhelmsoberschüler, Chefideologe und bis zuletzt stalinistischer Betonkopf) und den Hechinger Doktorsbuben Markus Wolf (Stasihäuptling und Spionagechef) zu erklären.

So sei Ihnen, Herr Bundestagsvizepräsident, Ihr saublödes Gschwätz und vorgestriges Gelaber gütigst und gnädigst verziehen, auch in tiefer, aber neidvoller Bewunderung Ihrer außergewöhnlichen Fähigkeiten, mit minimalem hirnarmem Gefasel tagelang die bundesdeutsche Medienlandschaft zu beherrschen, während der Verfasser mit seinem von Vicco von Bülow illustrierten Buch »Mehr Hirn!« und seiner »frechen, aber segensreichen Gosch« errafften, vom (allerdings vorbestraften) Schatzmeister Otto Graf Lambsdorff auf »über 1,25 Millionen DM« bezifferten Beitrag zur Rettung des Hohen Doms in Loriots Geburtsstadt Brandenburg an der Havel im Südpreußischen Rundfunk mit keiner Sendesekunde und in den hiesigen Gazetten mit keiner Zeile bedacht wurde. Vielleicht sollte er mal mit dem Elektrorasierer auf Sie losgehen?

Nachtrag:

Eigentlich gehörte ja das total tranfunzelige Thema Thierse längst in die grüne Tonne. Aber in all den Jahren hat kaum ein anderer Beitrag des Verf. wie dieser zu den schwäbischen Wurzeln Berlins eine solch positiefe Resonanz gefunden und die geneigte Leserschaft derart elektrifiziert und durchweg erfreut, dass wir selbiges doch nochmals, aber wirklich letztmals, ausdappen müssen.

Aus vieler Damen und Herren Länder, ja selbst aus Castros Cuba und Ratzingers Rom, aus allen noch zeitungslesenkönnenden Schichten der Bevölkerung, von der heimischen Bäckerzunft bis zum Feuerwerkshersteller i. R., von Ostpreußens und Sueviens Adel bis hinauf zur Filderbauernschaft, kamen derart liebe Reaktionen auf »diese so feinsinnig verpackten Frechheiten«, dass wir uns gesellschaftlich gerne gezwungen sehen, auf diesem Wege pauschal und herzlich »Dankschee!« zu sagen.

Und auch dem Wunsch eines prominenten Mitbürgers nachzukommen und dessen bedenkenswerten Vorschlag einer breiteren Öffentlichkeit vorzustellen, nämlich Herrn Bundesratspräsidenten Kretschmann zu bitten, dem Herrn Bundestagsvizepräsidenten Thierse »für seinen Beitrag zur Renovatio einer schon verloren geglaubten schwäbischen Stammesidentität« mit einem Professorentitel des Landes Baden-Württemberg zu beschenken, wie dies ja jüngst bereits »Herrn Professor Schuster für seine einzigartige intellektuelle Leistung, bei seiner Verabschiedungsfeier in seinem halbstündigen Schwanengesang kein Sterbenswörtchen zu dem von ihm wieder aus der Versenkung geholten‹ ›bestgeplanten Jahrhundertbauwerk S21‹ zu sagen, zuteil geworden ist.«

»Die Mutter aller Schul«

Mechthild von der Pfalz (1419–1482)

Der legendäre Landeshistoriker Professor Hansmartin Decker-Hauff (»der begnadetste Rhetoriker schwäbischer Zunge seit dem Tode Abrahams a Santa Clara«) hat immer wieder und noch auf dem Sterbebett gesagt: »Vergesset mir die Mechthild net!« Denn sie hat die Gscheitheit nach Wirtemberg gebracht. Aus der Universitätsstadt Heidelberg.

Dort ist sie am 7. März 1419 als Tochter Kurfürst Ludwigs III. des Bärtigen von der Pfalz und der Gräfin Matilda Mafalda von Savoyen-Achaja geboren, und noch in ihrem Geburtsjahr, mit 8 Monaten und 18 Tagen, ist sie an den damals 7 Jahre alten Grafen Ludwig von Württemberg verlobt worden, den sie dann 1436 in Stuttgart auch heiratet. Der sehr glücklichen, 1450 durch den Pesttod des Ehemanns getrennten Ehe entstammen unter anderem ein behinderter Sohn, zwei hochbegabte Töchter und der 1445 noch ohne Bart geborene Eberhard, der »princeps sapientissimus Germaniac«, der »weiseste unter den Fürsten Teutschlands«.

Auf ihrem Witwensitz Böblingen heiratet sie 1452 um den Sankt Laurentius Tag rum den Bruder Kaiser Friedrichs III., den Erzherzog Albrecht VI. von Österreich (1418–1463). »Die Ehe, kühl und lieblos von beiden Seiten aus Vernunftgründen geschlossen, blieb kinderlos« und seit Anfang 1456 lebt das Ehepaar getrennt. Der Ehemann, ein ewiger Querulant und Kriegstreiber, dessen kulturelle Bedürfnisse mit der täglichen Lektüre der Bildzeitung und dem vierzehntägigen Besuch der Ehrentribüne im Freiburger

Gründung
der Universität
Freiburg i.Brsg.
1457

Gründung
der Universität
Tübingen
1477

Dreisamstadion vollauf befriedigt waren und von dem bezweifelt werden kann, ob er das Wort »Universität« überhaupt fehlerfrei buchstabieren konnte, wird von seiner blitzgescheiten Frau immerhin soweit gebracht, dass er sich 1457 als Strohmann zur Gründung der Universität Freiburg im Breisgau hergibt. Das älteste Szepter der dortigen Albert (Albrecht)-Ludwigs-Universität (besser: Mechthild-Ludwigs-Universität) mit Mechthilds Wappen erinnert bis heute an die eigentliche Initiatorin.

Zwei Jahrzehnte später unterstützt sie tatkräftig ihren genialen Sohn Eberhard bei der wagemutigen Gründung der Tübinger Eberhard-Karls-Universität (besser: Mechthild & Eberhard-Carls-Universität). Sie lebt seinerzeit als »fröwelin von österrich« im nahen Rottenburg und versammelt an ihrem an Weimars Anna Amalia erinnernden Musenhof einen Kreis »spätmittelalterlich-ritterlich wie frühhumanistisch gebildeter Dichter, Künstler und Gelehrter« um sich.

Am 22. August 1482 stirbt sie bei einem Besuch in ihrer Heimatstadt Heidelberg und wird auf eigenen Wunsch an der Seite des geliebten ersten Gemahls in der Kartause Güterstein bei Urach beigesetzt. Anno 1554 lässt Herzog Christoph ihre Gebeine samt dem wunderschönen, dem Ulmer Meister Hans Multscher zugeschriebenen Grabmal von dort in den Chor der Tübinger Stiftskirche überführen.

Siegel der Universitäten Heidelberg (1386), Freiburg (1457) und Tübingen (1477)

Trotz ihrer hohen Verdienste als »Mutter zweier Universitäten« und trotz aller redlichen Bemühungen des Verfassers, hat diese weltweit einzigartige Frau seltsamerweise bis heute keine Briefmarke erhalten …

Weder eine Sondermarke zu ihrem 500. Todestag unter Postminister Kurt Gscheidle, noch eine bei der Dauerserie »Bedeutende deutsche Frauen« unter Minister Christian Schwarz-Schilling. So wie überhaupt viele bedeutende Töchter und Söhne des Schwabenlandes konstant ignoriert wurden (und noch werden). So beispielsweise der von Johann Gottfried Herder als »wahrhaft Newton'scher Kopf« gerühmte Philipp Matthäus Hahn oder der wortgewaltige Freiheitsdichter Christian Friedrich Daniel Schubart. Als dann stattdessen mit dem Reitergeneral Johann von Werth einem der brutalsten Kriegsverbrecher des Dreißigjährigen Krieges (für seinen Beitrag zur Zerstörung des Herzogtums Wirtemberg?) die Ehre einer Sondermarke zuteil wurde, weil halt so rheinische Helaubrüder bessere Beziehungen ins Bonner Ministerium hatten als brave schwäbische Bauernbuben, da hat der Verfasser das folgende, schon in der Anrede die Tendenz eindeutig zum Ausdruck bringende Schreiben an die vom deutschen Steuerzahler entlohnte Frohnatur adressiert:

»Allerwertester Herr BuPOMin Sch.-Sch.!
Sie können mit uns Schwaben inskünftig das machen, was wir mit Ihren Briefmarken tun, nämlich hinten lecken!«

Jahre später wurde dann die durch ihren an eine »Bedienungsanleitung für Waschmaschinen« erinnernden Sexualkunde-Atlas bekannt gewordene Quotenfrau der Kabinette Kiesinger und Brandt, die Käte Strobel aus Nürmberch, auf einem Postwertzeichen verewigt. Das war durchaus erfreulich und begrüßenswert, denn es gibt auch dort viel zu wenige Frauen. Aber wenn schon die Käte Strobel eine Briefmarke bekommt, dann hätte unsere Mechthild doch hundertmal mehr eine verdient. Und es gibt unter normal veranlagten Mitbürgern sicherlich niemanden, der nicht hundertmal lieber unsere schöne Mechthild als die Käte Strobel abschlecken würde.

Nachtrag

Als schönen Ausgleich für die derartig schnöde Behandlung hat die »klügste Frau des ausgehenden Mittelalters« zu ihrem 550. Hochzeitstag anno 2002 ein eindrucksvolles Denkmal auf dem Böblinger Marktplatz erhalten.

Es trägt unter den Wappen Pfalz, Wirtemberg, Österreich und der Städte Heidelberg, Freiburg, Tübingen und Böblingen die vom (intelligenten) Stuttgarter Ratsherrn Sebastian Küng stammende Inschrift aus dem Jahre 1554:

»FRAUW MECHTHILD HAT FÜR ALLE FÜRSTIN DES TEUTSCH LANDS, SO DISER ZEIT GELEPT, DISEN RUM, EER UND LOB HINDER IER VERLASSEN, DASS DURCH IHR AN-STIFFTEN UND FÜRDERN HERTZOG ALBRECHT VON OSTERREICH, IER GEMACHEL*, DIE HOCH SCHUL ZU FREIBURG ANNO 1457 GESTIFFT, DESGLEICHEN DIE HOCH SCHUL ZU TUBINGEN DURCH GRAFF EBERHART, IERN SUN, DEN BARDTHERRN ZUGENANT, ANNO 1477 AUFGERICHT IST WORDEN, UM WELCHER BAIDER SA-CHEN WILLEN SIE ALS EIN HOCHVERSTENDIGE FRAUW VON ALLEN LIEBHABERN GUTER KÜNSTEN BILLICH ZU LOBEN UND, SO LANG SOLCHE KÜNSTEN IM SCHWANCK GANGEN, SIE ZU RIEMEN UND ZU PREISEN BAIDER SCHU-LEN STUDENTEN NITT UNDERLASSEN SOLLEN.«

Was soeben wieder mal geschehen wäre.

---

* Eindeutig ein Dreckfuhler, das muss BACHEL heißen.

Meinem
herzallerliebsten
Franzele
dem Engele
aller Engele
C. E.

28

Das Franzele – »Der Engel von Württemberg«

Franziska Reichsgräfin von Hohenheim
Herzogin von Württemberg (1748–1811)

Der mit den Einschaltquoten seiner Fernsehserie »Frauen im Hause Württemberg« zumindest hierzuländle den gleichzeitig ausgestrahlten transatlantischen Schafscheiß namens »Dallas« ausgestochen habende Landeshistoriker Hansmartin Decker-Hauff (1917–1992), ein Pfarrersohn aus Oberjettingen im Gäu, hatte drei »Lieblingsfrauen im Hause Württemberg«: Die zweifache Universitätsstifterin Mechthild von der Pfalz (1419–1482), die segensreiche Zarentochter Königin Katharina (1788–1819) und Herzog Carl Eugens (1728–1793) »Engele aller Engele« Franziska von Hohenheim.
Geboren wurde selbiges am 10. Januar 1748 in einem bescheidenen Bauernhaus in Adelmannsfelden als fünftes der fünfzehn Kinder des verarmten und hoch verschuldeten Freiherrn Ludwig Wilhelm von Bernerdin zum Pernthurn auf Pregrat (1717–1774), dessen Ahnherr 1629 in der Gegenreformation seine Heimat in Kärnten aus Glaubensgründen verlassen musste. Er hatte 1740 die Johanna Dorothea Charlotte Freiin von Vohenstein († 1793) geheiratet, die Letzte ihres uralten Rittergeschlechtes, nachdem zuvor ihr Bruder auf tragische Weise im Dorfweiher von Adelmannsfelden ertrunken war.

Mit sechzehn Jahren wird das Franzele in eine zutiefst unglückliche Ehe mit dem Freiherrn Friedrich Wilhelm Reinhard Leutrum von Ertingen (1742–1820), einem körperlich und seelisch missratenen Kreditgeber ihres Vaters gezwungen – »gleichsam als ein

Kind, ohne alle Neigung, ohne alle Liebe wurde ich einem Mann angetraut, der nie mein Herz befriedigen konnte.«

Mit einundzwanzig Jahren begegnet sie dem von seiner ihm davongelaufenen Brandenburg-Bayreuther Gemahlin getrennt lebenden Herzog Carl Eugen in Wildbad, und dieser notorische Weiberheld und Weltmeister in der Produktion illegitimer Kinder, der bis dahin »in seinem Leben mehr Frauen als Mittagessen gehabt«, verliebt sich unsterblich in die zwanzig Jahre jüngere Schwäbin, befreit sie durch eine selbst vom Konsistorium gebilligte Scheidung aus ihrer Ehehölle, macht sie zu seiner Mätresse und erreicht 1774 von Kaiser Joseph II. in Wien für teures Geld ihre Erhebung zur Reichsgräfin von Hohenheim.

»Daß sie eine Schönheit gewesen, kann man nicht sagen « schreibt der Ehemann ihrer Nichte, aber »in ihrem Gesicht, überhaupt ihrem ganzen Wesen und Betragen lag eine Anmut und Lieblichkeit, ein erstaunlicher Grad von Sanftmut, Güte und Bescheidenheit, der vom ersten Augenblick für sie einnahm, jedes Herz an sich zog, und ihr allgemeine Liebe und Hochschätzung erwarb.« Und sie war »von Jugend auf sehr religiös und sehr gottesfürchtig, pietistischen, herrnhutischen Ideen zugänglich.«

Und mit ihrem Charme, »ihrem ungekünstelten Wesen, zu Scherz geneigten, stets heitern und aufgeweckten Sinn« schafft sie es, aus dem absolutistischen Tyrannen und Despoten einen guten Landesvater, aus dem »Saukerle« einen »Prachtskerle« zu machen.

Nach dem Tod seiner ersten Gemahlin im Jahre 1780 setzt er es unter großen Anstrengungen und gegen alle Widerstände des Vatikans durch, dass er als Katholik die nicht standesgemäße, geschiedene Protestantin heiraten darf. Und er wird sehr glücklich mit seinem »herzallerliebsten Franzele« – der er in Birkach als bemerkenswertes Zeichen früher Ökumene sogar ein eigenes Gotteshaus, die heutige Franziskakirche, gestiftet hatte.
»Der Macht einer geistreichen und liebenswürdigen Frau gelang es, ihn zu mäßigen und zu veredeln« schreibt der überaus kritische Historiker und Achtundvierzigerrevolutionär Wilhelm Zim-

mermann, zuletzt Pfarrer zu Dettingen an der Erms, in seiner »Geschichte Würtembergs«, und sein Loblied auf dieses Liebespaar endet:

»So kam es, daß, während kurz zuvor Frankreichs Volk den Thron blutig umstieß, und seinen Fürsten mit wilder Freude auf das Schaffot brachte, des Herzogs Tod, der in den Armen Franziska's entschlief, am 24. Oktober 1793, sein Land in eine tiefere Trauer und Klage versetze, als sie zu seyn pflegt, wenn ein Vater aus dem Kreise seiner Kinder scheidet. Die lezte schöne Zeit seiner Regierung warf eine blendende Decke über das Frühere, und noch jetzt leben die Namen Carl und Franziska im Munde des Volkes in liebender Erinnerung der Alten, und ihre Zeit wird von diesen als ein goldnes Zeitalter gepriesen.«

Aber: »Die glücklichen Tage in Hohenheim sind nun vorüber!« Sie wird jetzt wieder als hergelaufene Mätresse behandelt und als Staatsgefangene nach Stuttgart gebracht, eine strenge Untersuchung wird eingeleitet und kann keine Verfehlungen finden. Und als sie dann auf das Testament des Gemahls »ronciert« hatte, kommt sie im Frühjahr 1794 frei, erhält auch ihr unendlich liebenswürdig geschriebenes Tagebuch zurück und ihr erster Eintrag an Neujahr 1795 lautet: »In Gottes nahmen fange ich nun Wieder Ein neues Jahr an, o daß es das Letzte nach seinem Weisen wille sein möchte.«

Dieser Wunsch wird ihr nicht erfüllt, sie muss noch viele Jahre warten und viele Demütigungen mitmachen, bis sie endlich am 1. Januar 1811 in ihrem Witwensitz Schloss Kirchheim unter Teck von ihren Gallensteinen »königlichen Ursprungs« und ihrem unheilbaren Unterleibsleiden erlöst wird.

»In Kirchheim war sie die wohltätige Fee des Städtchens. Hier gedachte man ihrer als des guten Engels ihres Landes. Hier verlebte sie im Stillen den Rest ihrer Tage.« So Ottilie Wildermuth.

Und dann hat es noch 193 Jahre gedauert, bis ihr der gute Gipsermeister Karl Schäffer aus Sielmingen ein Grabmal für ihr bis dahin anonym gebliebenes Grab im Chor der Kirchheimer Martinskirche machen ließ. Und 200 Jahre, bis ihr der Herr Professor Dr.-Ing. Ulrich Voelter aus Sindelfingen, Urenkel der Schwester von Franziskas letzter Hofdame Louise von Breitschwert (1789–1821), zur Feier des Tages ein Denkmal am dortigen Schloss gestiftet hat.

Auf beiden ist unter anderem zu lesen: »Durch Frömmigkeit und Wohlthätigkeit zeichnete sie sich aus. Ihr Herz schlug warm für Gott und Menschen.«

»So kam es, daß, während kurz zuvor Frankreichs Volk den Thron blutig umstieß, und seinen Fürsten mit wilder Freude auf das Schaffot brachte, des Herzogs Tod, der in den Armen Franziska's entschlief, am 24. Oktober 1793, sein Land in eine tiefere Trauer und Klage versetzte, als sie zu seyn pflegt, wenn ein Vater aus dem Kreise seiner Kinder scheidet. Die lezte schöne Zeit seiner Regierung warf eine blendende Decke über das Frühere, und noch jezt leben die Namen Carl und Franziska im Munde des Volkes und in liebender Erinnerung der Alten, und ihre Zeit wird von diesen als ein goldnes Zeitalter gepriesen.«

Der Achtundvierziger Wilhelm Zimmermann (1807–1878) in: Die Geschichte Würtembergs, Stuttgart 1,1836–2,1837. Dort 2,513 f.

Herders »Herzensweib«

Caroline Flachsland (1750–1809)

In dem seit 1324 und damals noch eine Weile württembergischen Städtchen Reichenweiher im Elsass (Riquewihr) kam direkt neben dem Schloss (»Geburtstätte Herzog Ulrichs 1487«) am 28. Januar 1750 die jüngste Tochter des »Hochfürstl. wirtemb. Amts- und Kirchenschaffners« Johann Friedrich Flachsland zur Welt und wurde nach dem damaligen Landesvater Carl Eugen auf den Namen Caroline getauft. Und schon mit fünf Jahren hat sie den Vater verloren, und glücklicherweise hatte ihre ältere Schwester Ernestine Rosine eine Anstellung als Mätresse beim Landgrafen Ludwig IX. von Hessen-Darmstadt, dem Gegenschwieger der Zarin Katharina der Großen und Goethes Herzogin Anna Amalia von Sachsen-Weimar, gefunden und konnte so zum Lebensunterhalt der verarmten Familie im Elsass beitragen.

Als auch noch die Mutter stirbt, geht Caroline mit ihren achtzehn Jahren ebenfalls nach Darmstadt, wo eine andere Schwester, Friederike Katharina, sehr unglücklich mit einem hessischen Bürokraten verheiratet ist, und leidet mit ihr unter dessen »Dummheit und beständiger Schulmeisterei«. Aber jetzt kommt der Johann Gottfried Herder. Der ist ein Schulmeisterbub aus Mohrungen in Ostpreußen, Jahrgang 1744, und hat mit achtzehn seine ersten Gedichte drucken lassen, und statt Chirurg in Königsberg, war er ein beliebter Domprediger in Riga geworden

Dann darf er den Erbprinzen von Holstein-Gottorp auf seiner Kavalierstour nach Italien begleiten und kommt auch nach Darmstadt und predigt am 19. August 1770 in der Schlosskirche, und die Caroline hört und sieht ihn auf der Kanzel und verliebt sich auf der Stelle in den schon ein wenig berühmten Dichter und schreibt ihm. Und er schreibt lieb zurück, und muss doch wieder weiterfahren. Und fast drei Jahre lang wechseln sie heimlich die allerliebsten Briefle:»Ich danke Gott mit Thränen, dass er mir eine so schöne Seele wie die Ihrige gezeigt hat …«

Aber er macht ihr partout keinen Heiratsantrag, obwohl er, mittlerweile zum Konsistorialrat und Hofprediger bei den Schaumburg-Lippes in Bückeburg berufen, jetzt ein Weib verhalten könnte. Erst als Herders Bewunderer Goethe dem »kleinen, göttlichen Mädchen«, der Freundin seiner Schwester Cornelia, auch schöne Augen und schöne Verse macht, schafft sie es doch noch mit einem deutlichen Schreiben, dass am 2. Mai 1773 in Darmstadt der Herder endlich (in Goethes Gegenwart) sein »Herzensweib« heiratet.

Und sie ist als »liebe Haushälterin« mit nach Bückeburg gegangen, und im Jahr darauf kam ihr erstes Kind zur Welt, der Gottfried, der später »Hofmedicus« in Weimar wurde und sich dabei schon mit 31 Jahren den Tod geholt hat. Und anno 1776 erneut ein Bub, der August, bei dem der Matthias Claudius und der Goethe der Döte gewesen, und der trotzdem als Student ein rechter Tagdieb geworden ist und seinen armen Vater vor der Zeit ins Grab gebracht hat.

Im Herbst 1776 ging Herder statt an die Universität Göttingen auf Wunsch und Empfehlung Goethes und Wielands als »Generalsuperintendent« nach Weimar, wo ihm dann sein »Engelsweib« weitere sechs Kinder schenkt. Aber während Freund Goethe als »Favorit des Herzogs« und Multifunktionär Karriere macht und den großen Macker raushängen kann, lässt der Herzog Carl August den Herder, der halt nun mal kein Bücklingsmacher, Fürstenschleimer und Hofschranze gewesen ist, links liegen.

Und schon bei der Hochzeit ist Herder mit zwei Jahresgehältern verschuldet gewesen, und seine Caroline, die ja auch kein Sach mitbrachte, weiß oft nicht, wie sie die Haufen Mäuler satt

bekommen soll, und, so wie vorher ihre Liebesbriefe, schreibt sie jetzt einen Bettelbrief um den andern, und sie machen weiter Schulden über Schulden, und oft auch aus lauter Gutmütigkeit.

Als Herder erneut einen Ruf nach Göttingen erhält, verspricht ihm Goethe das Blaue vom Himmel, auf dass er doch in Weimar bliebe. Und hält sich dann nicht an seine Versprechungen, und jetzt verkrachen sich die Herders endgültig mit dem »treulosen Freund«. Er hält ihn für »eine kalte Leiche ohne Herz«, und auch sie meint: »Goethe ist für mich tot.«
Aber der wird steinalt, und Herder muss schon am 18. Dezember 1803 sterben. Keine sechs Jahre später folgt ihm seine »graciöse geliebte Gemahlin« ins Grab, und sie gilt heute als »eine der herausragendsten Frauengestalten der Weimarer Klassik.« Auf ihrem Grabstein steht mit falschem Geburtsdatum: »Dem Sieger die Krone. Hier ruht Frau Marie Carol. v. Herder gebohr. Flachsland. Ehegattin des weiland Hern Oberconsistorial Präsidenten und General Superintendenten von Herder alhier * 25. Febr. 1751 † 15. Sept. 1809«.

36

Goethes Schwesterle

Cornelia Schlosser (1750–1777)

Zur Verbesserung unserer manchmal gelegentlich immer mal wieder als mickrig gescholtenen Frauenquote möchten wir heute bekannt machen, dass am 7. Dezember 1750 die ihrer Frohnatur und ihrer Fabulierlust wegen in die europäische Literaturgeschichte eingegangene Frau Rat Catharina Elisabeth Goethe, geborene Textor, genannt Aja (1731–1808) in Frankfurt am Main eine Tochter Cornelia gebar, die »ihr ganzes kurzes Leben hindurch unsagbar schwer darunter gelitten hat, dass eine ungnädige Natur sie ohne Anmut und Schönheit der Welt ausgesetzt hatte«. Und zur Adventsfreude unserer Mundartkritiker wollen wir dies in der edlen (und dennoch vom Frankforterischen Dialekt durchsetzten) Sprache Goethes tun.

Johann Wolfgang und sein Schwesterle waren als Kinder »einander so vertraut, so gemeinsam im Spielen und Lernen, in Wachstum und Bildung, dass sie sich für Zwillinge halten konnten.« Und da sie beide trotz ihres vormals reichsstädtischen, jetzt hessischen Geburtsorts (der übrigens uns Schwaben vom fiesen Frankenkönig Chlodwig I. vor genau anderthalb Jahrtausenden entschädigungslos zwangsenteignet wurde mitsamt der wertvollen Villengrundstücke im Taunus!) eine beachtliche und für ihre intellektuelle Ausstattung entscheidende Anzahl von Vorfahren im Württemberger Land haben, können wir nicht umhin, dieser jungen Frau zu gedenken, auch wenn ihre zahlreichen Namensschwestern heutzutage doch eher nach der ihrerzeit sehr berühmten Schlagersängerin Cornelia Froboess mit ihrer eingepackten Badehose getauft worden sein dürften.

Auch hat die anno 1773 mit dem markgräflich badischen Oberamtmann Johann Georg Schlosser unglücklich vermählte Frankfurterin »mit einem Körper der nirgend hin als ins Grab taugt« am 8. Juni 1777 an der Geburt ihrer zweiten Tochter im Emmendinger Landratsamt ihr Leben verloren und ihr Grab gefunden in schwäbisch-alemannischer Erde im dortigen Alten Friedhof.

Und der Bruder im fernen Weimar schreibt: »Mit meiner Schwester ist mir eine so starke Wurzel, die mich an der Erde hielt, abgehauen worden, dass die Äste von oben, die davon Nahrung hatten, auch absterben müssen« und dichtet fünf Wochen nach ihrem Tod:

»Alles gaben die Götter die unendlichen
Ihren Lieblingen ganz
Alle Freuden die unendlichen
Alle Schmerzen die unendlichen ganz.«

Goethes geliebtes »Rickgen«

Friederike Brion (1752–1813)

Da die Elsässer vom Rheinufer bis zum Vogesenkamm und vom
Selzbach bis hinunter in den Sundgau gleich den schwyzerdütsch-
schwätzenden Eidgenossen »von Schwabenstamme« (Conrad
Ferdinand Meyer) sind, dürfen wir hier anstandslos an Friederike
Brion erinnern. Sie ist als dritte der vier Töchter des Pfarrers Johann Jacob Brion (1717–1787) aus Straßburg und seiner Gemahlin Magdalena Salome, geborene Schöll (1724–1786), am 19. April
1752 auf die Welt gekommen im Pfarrhaus von Niederrödern bei
Selz, direkt an der ums Jahr 500 nach Christi Geburt gezogenen
schwäbisch-fränkischen Stammesgrenze.

Anno 1760 wurde der Vater auf die Pfarrstelle von Sesenheim be-
rufen, und dort hat sich zehn Jahre später »eine der schönsten
Liebesgeschichten der Weltliteratur« zugetragen: Anfang Oktober
1770 kommt der einundzwanzigjährige Johann Wolfgang Goethe,
Student der Jurisprudenz zu Straßburg, mit seinem besten
Freund, dem Medizinstudenten Friedrich Leopold Weyland,
zu dessen Verwandtschaft ins Sesenheimer Pfarrhaus. Und der
Goethe sieht die Friederike und verliebt sich auf den ersten Blick
Hals über Kopf in den »allerliebsten, am ländlichen Himmel auf-
gehenden Stern«, und noch am gleichen Abend geht er mit dem
schönen Mädle im »schönen Mondschein« spazieren.

Und verbringt noch »einige angenehme, schicksalhafte Tage in der
gastfreundlichen Familie« und reitet erst am 14. Oktober wieder
heim nach Straßburg, und schon am nächsten Tag schreibt er,
mangels SMS, der »lieben, lieben neuen Freundinn« ein goldiges

Liebesbriefle. Und kann es kaum erwarten, bis er an Allerheiligen und zum Christtag wieder im Galopp nach Sesenheim reiten kann. Und an der Fasnet kommt sie mit ihrer Mutter und ihren Schwestern nach Straßburg. Und an Ostern 1771 ist er erneut bei ihr. »Er fand sie leichter, anmutiger und reizender als je zuvor. Ihr sonniges Wesen machte ihn grenzenlos glücklich.«

Und »zur schönen Mayenzeit« kommt er sogar gleich zweimal: Erst zum Maienstecken, und Mitte Mai, zu Pfingsten, bleibt er gleich für sechs Wochen. Und schreibt seine wunderschönen »Sesenheimer Lieder«, und jeder, der sie liest (»O Mädchen, Mädchen, / Wie lieb' ich dich! / Wie blinkt dein Auge, / Wie liebst du mich! … / Wie ich dich liebe / Mit warmem Blut, / Die du mir Jugend / Und Freud' und Mut / Zu neuen Liedern / Und Tänzen gibst. / Sei ewig glücklich, / Wie du mich liebst!«) fragt sich mit Recht, warum die beiden denn dann nicht gleich geheiratet haben …

Ende Juni ist er wieder in Straßburg und studiert voll fertig, macht am 6. August Examen und ehe er am 14. August wieder zu seiner Familie nach Frankfurt heim reitet, guckt er noch mal in Sesenheim vorbei: »Es waren peinliche Tage … Als ich ihr die Hand noch vom Pferde reichte, standen ihr die Tränen in den Augen, und mir war sehr übel zu Mute.« Erst aus Frankfurt traut er sich zu sagen, dass alles aus ist. »Ich musste sie in einem Augenblick verlassen, wo es ihr fast das Leben kostete« schreibt der Dichter von »Sah ein Knab' ein Röslein stehn …« später an seine Frau von Stein.

Manch anderer Kerle hätte die verlassene Friederike gern geheiratet, so auch der Dichter Jakob Michael Reinhold Lenz, aber sie hat halt immer gemeint: »Wer von G. geliebt worden ist, kann keinen andern lieben.« Stattdessen hat sie als »die gute, engelgleiche Tante Brion« geholfen, wo sie gebraucht wurde, in der Verwandtschaft und auch beim guten Pfarrer Johann Friedrich Oberlin im armseligen Steintal in den Vogesen.

In dem erst durch Napoleon an das frischgebackene Großherzogthum Baden gefallenen Dorf Meißenheim bei Lahr (also wiederum auf schwäbischem Boden) ist sie dann am 3. April 1813
gestorben, da hat se ihrer kranken Schwester Maria Salome
(1749–1807) und deren Gemahl, dem Pfarrer Gottfried Marx,
den Haushalt geschafft. Und auf ihrem Grab in Meißenheim
wurde ihr ein Stein errichtet mit der Inschrift:
»Ein Stral der Dichtersonne fiel auf sie,
So reich, daß er Unsterblichkeit ihr lieh!«

Sagen wir es lieber so: Das »Rickgen B.« hat den »treulosen Kna-
ben« erst zum Dichter gemacht. Ohne sie wäre er offenbar wahrscheinlich sicher vielleicht doch bloß so ein furztrockener Jurist
geworden.
»Sie hat sich um die Literatur verdient gemacht.« sagt der Professor Raymond Matzen von der »Université de Strasbourg«.

41

42

»Rembrandt unter den Frauen«

Ludovike Simanowiz (1759–1827)

Schubart hat sie einst besungen: »Die unter deutscher Mädgen Reihen / Ein Stern der ersten Größe ist.« Und das wohl bekannteste Porträt von Schiller hat sie gemalt. Und dennoch ist sie so gut wie vergessen, die Ludovike Simanowiz. Die wurde am 21. Februar 1759 in Schorndorf geboren, dort war ihr Vater stationiert, der Regimentsfeldscher Jeremias Friedrich Reichenbach (1725–1810), der hatte mit seiner Frau, der Apothekertochter Susanne Sophie Schwegler (†1787), vierzehn Kinder. Und die Mundelsheimer Pfarrerswitwe Regina Catharina Hölderlin, eine Großtante des Dichters, ist ihre Dote, ihre Taufpatin gewesen.

Anno 1762 wird der Vater nach Ludwigsburg versetzt, und seit 1766 hat die Familie Reichenbach mit der Familie Schiller zusammen in einem Haus in der Mömpelgardstraße 26 gewohnt und wechselweise die Kehrwoche erledigt. »Einige Jahre nach der Konfirmation« aber zog die Ludovike nach Stuttgart zu ihrem Onkel, dem herzoglichen Leibmedicus Johann Friedrich Reichenbach (1726–1790), und half ihm im Haushalt. Und weil sie schon mit sechs Jahren in der Volksschule wunderbar zeichnen konnte, hat sie jetzt beim »Ersten Hofmahler, Gallerie Director und Professor der Künste« Nicolas Guibal (1725–1784) Privatunterricht erhalten. Und anno 1787 hat ihr der Onkel oder der Herzog Carl Eugen, oder gar alle beide, eine Studienreise nach Paris bezahlt.

Und dort hat sie, wie schon von Guibal empfohlen, bei König Ludwigs XVI. Hofmaler Antoine Vestier (1740–1810) weiterstudiert, und gewohnt hat sie bei dem aus Ludwigsburg gebürtigen, mit dem Marquis de Lacoste verheirateten Opernstar Helene Balletti, und traf dort ziemlich viel Hautevolee, unter anderem auf den Finanzminister Jacques Necker und seine Tochter, die Madame de Staël. Und auch dem Carl Eugen ist sie in Paris begegnet, und dessen wohltätige Frau Franziska hat ihr 15 französische Goldstücke geschenkt und sich von ihr malen lassen, und dieses Bild hängt jetzt im Schloss Hohenheim.

Und auf dem Heimweg ist sie dann über Mömpelgard gefahren und durfte dort die ganze Familie vom Herzog Friedrich Eugen porträtieren. Und wieder in Stuttgart, Onkel und Mutter waren mittlerweile gestorben, hat sie endlich im Frühjahr 1791 ihre große Liebe, den sechs Jahre älteren »vermögenslosen Leutnant« Franz Johann Simanowiz, geheiratet. Der Sohn eines ungarischen Husaren und ehemalige Carlsschüler stand seit 1783 selbst in den Diensten der Hohen Carlsschule. Ihre Freundin Balletti in Paris aber schrieb nach Stuttgart: »Alles, was Sie kennt, klagt über ihre Abwesenheit. Brechen Sie Ihre Kunstlaufbahn nicht so grausam ab!«

Und im Einverständnis mit ihrem Mann ist sie nach ihren Flittermonaten Ende 1791 wieder nach Paris und hat dort im Palais Lacoste die Revolution aus nächster Nähe erlebt. Und als die Jakobiner den König geköpft hatten mitsamt seiner Marie Antoinette, da hat sie dank der Hilfe des mit ihr befreundeten schwedischen Gesandtschaftsgeistlichen gerade noch in die Normandie flüchten können und ist dann gottlob wieder heil heimgekommen nach Ludwigsburg. Und da hat sie im Herbst 1793 ihren Jugendfreund, den ihr »mit der aufrichtigsten Hochachtung und Freundschaft ewig ergebenen F. Schiller« getroffen und von ihm das weltberühmte Porträt gemalt, das früher in jedem gescheiten wirtembergischen Haushalt hing. Und berühmt geworden sind auch ihre schönen Bilder von Papa, Mama, Gemahlin und drei Schwestern Schiller.

Im September 1798 ist ihr Mann vom dicken Friedrich nach Stuttgart versetzt worden, und knapp ein Jahr später hat der Kerle in der Kaserne einen Schlaganfall erlitten und ist seither im Rollstuhl gesessen. Und 28 Jahre lang hat die kinderlose, freundliche und fromme Ludovike ihren gelähmten Franz treulich versorgt und das ganze Haushaltsgeld verdient mit Porträtmalen und Zeichenunterricht, so etwa auch für Friedrich Silcher. Und hat weiterhin mit vielen gescheiten Leuten verkehrt wie beispielsweise dem Justinus Kerner oder dem späteren Prälaten Johann Gottfried Pahl, den hatte sie im Erdmannhauser Pfarrhaus ihres Bruders kennen gelernt, und alle haben sie schwer gelobt und bewundert für ihre Kunst und für ihre Menschlichkeit. Und 1812 zog sie wieder nach Ludwigsburg, und da hat ihr laut Kerner »braver aber immer kränklicher Mann« sie am 14. Juni 1827 verlassen. Und ausgerechnet jetzt erkrankt sie an einer Lungenentzündung und stirbt am 2. September 1827 und kommt auch auf den Alten Ludwigsburger Kirchhof.

Oh, wie hat's da doch ihre schwäbische Zeitgenossin und Kollegin Angelica Kauffmann (1741–1807) so schön gehabt in Rom. Und wenn diese schon zu Lebzeiten und mit Recht als »Raffael unter den Frauen« gefeiert worden ist, dann kriegt die Ludovike Simanowiz wenigstens jetzt zur Feier des Tages posthum das Ruhmesblatt »Rembrandt unter den Frauen.«

»Raffael unter den Frauen«

Angelica Kauffmann (1741–1807)

Mittlerweile müsste doch eigentlich auch der letzte hinterwäld-
lerische verstockteste Alt-Badener kapiert haben, dass Baden,
Württemberg oder Hohenzollern Namen von Fürstenfamilien
und der von ihnen vormals beherrschten Territorien sind,
Schwaben und Alemannen aber zwei Begriffe für ein und den-
selben Volksstamm. Und dass das Schwabenland sich halt nun
mal vom Lech bis zu den Vogesen und vom Asperg bis hinunter
zum St. Gotthard erstreckt.

Und darum ist auch die Angelica Kauffmann eine Schwäbin, denn
die ist am 30. Oktober 1741 als einziges Kind ihrer Eltern im
schwäbischen Chur auf die Welt gekommen, da ist ihre Mutter
her, die Cleopha, geborene Luz (1717–1757). Ihres Vaters Joseph
Johann Kauffmanns (1707–1782) Altvordere aber sind im grad so
schwäbischen Bregenzer Wald daheim. Der ist nämlich ein Bauernbub gewesen aus Schwarzenberg und hat erst für den Fürstbischof von Chur als Kirchenmaler geschafft, später als Porträtmaler
im Veltlin gelebt. Ist dann aber anno 1752 nach Como gezogen,
und dort hat das Mädle, ein »Wunderkind wie Mozart«, mit elf
Jahren ihr erstes Geld verdient mit dem schönen Bildnis des Bi-
schofs Nevroni von Como.

Und anno 1754 ist die Familie nach Milano umgezogen, dort hat
die »künstlerisch wie musikalisch gleichermaßen begabte Tochter« noch manches dazugelernt und hat viele Bilder gemalt für die
reichen Mailänder. Aber dann ist die Mutter so jung gestorben,
und sie sind anno 1757 wieder heimgekehrt nach Schwarzenberg,

und dort durfte sie in der Dorfkirche die Zwölf Apostel malen. Seinerzeit hatte sie aber auch als Sängerin und Pianistin Erfolg gehabt, beispielsweise bei den Grafen von Montfort in Tettnang und beim Konstanzer Fürstbischof in Meersburg. Und dann hat sie sich anno 1762 auf eine lange Reise nach Italien begeben und auf dieser sich »gegen die Musik und für die Malerei als Lebensberuf entschieden.« Kein Wunder, denn in Florenz hat sie so viele Aufträge bekommen, und ist sie Mitglied der Akademie geworden, und ihr berühmtes »Selbstbildnis in Bregenzerwäldertracht« haben sie sogar in den Uffizien aufgehängt. Und in Rom hat man sie auch gleich in die »Academia di San Luca« aufgenommen, und in der deutschen Künstlerkolonie hat sie Freundschaft geschlossen mit dem damaligen »Malerpapst« Anton Raphael Mengs (1728–1779) und dem »Kulturpapst« Johann Joachim Winckelmann (1717–1768), dessen bekanntestes Porträt aus dem Jahr 1763 stammt auch von ihr.

Und dann geht sie nach Neapel und studiert dort Architekturmalerei und Perspektivzeichnen, allem nach sogar bei dem weltberühmten Giovanni Battista Piranesi (1720–1778). Und anno 1765 kommt sie nach Venedig, und dank ihrer Freundschaft mit der englischen Botschaftergattin reist sie im folgenden Jahr mit ihrem Vater über Paris nach London. Und bleibt dort fünfzehn Jahre lang, und diese Zeit bringt ihr nicht bloß »künstlerischen, sondern auch gesellschaftlichen und materiellen Erfolg«. Und sie verkehrt jetzt mit allen Großkopfeten an der Themse, und anno 1768 ist sie bei der Gründung der »Royal Academy of Arts« mit dabei. Und im gleichen Jahr heiratet sie ausgerechnet einen Hochstapler, der sich als schwedischer Graf Horn ausgibt und nur auf ihr Geld aus ist und mit ihrem ganzen Vermögen verschwindet.

Nach ein paar Monaten ist sie wieder geschieden und wartet mit dem Heiraten bis zum Jahr 1781. Da hat ihr der Vater den fünfzehn Jahre älteren venezianischen Historienmaler Antonio Zucchi (1726–1795) als Ehemann ausgesucht, und trotzdem führen die beiden »eine glückliche und ungetrübte Ehe«, haben aber keine Kinder mehr bekommen. Gleich nach der Hochzeit ist sie mit

Mann und Vater von London weggezogen, und sie gehen wieder nach Italien. In Venedig wird sie zur akademischen Professorin befördert, und in Rom hatte ihr der Maler Mengs mittlerweile sein ganzes »künstlerisches und finanzielles Erbe« samt seiner Villa vermacht. Und dann darf sie in Neapel sogar die Königsfamilie malen, den Krippenkönig Ferdinand IV. und seine Gemahlin, Kaiserin Maria Theresiens Tochter Maria Carolina, und ihren Töchtern Unterricht in der Malerei geben. Und sie hätte auch die Stelle als königliche Hofmalerin haben können, aber sie hat völlig richtig gemeint, »meine umstände erlauben mir meine freyheit zu erhalten.«

Und mit »ihrem geistreichen, liebenswürdigen Wesen« haben sie alle gemocht, und ihre »Residenz auf dem Pincio« in Rom ist zum »Mittelpunkt des künstlerischen und gesellschaftlichen Lebens« geworden. Und vom Kaiser Joseph II. über den Kurfürsten Carl Theodor von der Pfalz und den (späteren König) Ludwig von Bayern und Goethes Herzogin Anna Amalia von Sachsen-Weimar bis zum Lord Hamilton, von den Malern Johann Heinrich Wilhelm Tischbein und Jacques-Louis David bis zum Bildhauer Antonia Canova stehen sie alle auf ihrer Gästeliste. Und Goethe hat sie als »Weib von ungeheurem Talent« verehrt und ihr erstmals seine »Iphigenie« vorgelesen, und Herder hat sie die »kultivierteste Frau Europas« genannt Und natürlich sind ihre schönen Bilder weggegangen wie warme Wecken, aber nur viel teurer.

Am 5. November 1807 fand ihr so überaus glückliches Leben in Rom ein Ende, und ganz viele gescheite Leute sind zu ihrem Begräbnis gekommen, als sie bei ihrem zwölf Jahre zuvor verstorbenen Mann in der Kirche Sant'Andrea delle Fratte beigesetzt wurde. Als der »Raffael unter den Frauen.«

Ein Strauß für eine Sängerin

Agnes Schebest (1813–1869)

Die ebenfalls aus ärmlichen Verhältnissen stammende »schwedische Nachtigall« Jenny Lind (1820–1887) mit ihrer kometenhaften Karriere ist, unter anderem auch als unerwiderte, unglückliche Liebe des dänischen Dichters Hans Christian Andersen (1805–1875), bis heute unvergessen. Ihre um sieben Jahre jüngere kongeniale Kollegin Agnes Schebest dagegen schon – trotz ihres »engelsgleichen Gesangs« und trotz ihrer kurzen, unglücklichen Ehe mit dem schwäbischen Schriftsteller, Theologen und Philosophen David Friedrich Strauß (1808–1874).

Als Agnese Šebesta ist sie am 15. Februar 1813 in Wien auf die Welt gekommen. Ihr Vater, ein böhmischer Müllersbub (»der nicht zwei Worte deutsch sprechen konnte«), war Sprengmeister bei der Kaiserlich und Königlichen österreich-ungarischen Armee und hatte ein deutsches Mädle aus der Nähe von Leitmeritz geheiratet. Und wurde, mit Weib und Kindern nach Alessandria in Piemont (Geburtsstadt des Bestsellerautors Umberto Eco) versetzt, schwer verletzt bei der Sprengung der dortigen Festung und ist 1815 in einem Prager Spital gestorben. Und dann hat die Witwe eine magere Pension und freie Logis erhalten in der (später zu trauriger Berühmtheit gelangten) Festung Theresienstadt und dort mit ihren beiden Töchtern ein ärmliches Leben geführt und sich mit ein wenig Landwirtschaft und Näherei über Wasser gehalten. Dort hatten die Österreicher auch den griechischen Freiheitskämpfer Alexander Fürst Ypsilanti (1792–1828) interniert, und eines schönen Sonntags nach der Kirch ist die Agnes mal in ihrem schönen

Kleidle mit ihren neun Jahren dem »großen, wunderschönen Herrn mit feingeprägtem Kopf« über den Weg gelaufen, und der hat dafür gesorgt, dass der Schulmeister das freundliche und schöne Mädle mit seiner schönen Stimme am Christtag in der Kirche singen lässt.

Und der »himmlische Gesang« hat dem Fürsten so gut gefallen, dass er meinte, »das Kind sollte zur Sängerin ausgebildet werden.« Und der Lehrer hat die Agnes zu seinem Schwager, dem Chordirektor Johann Aloys Micksch (1765–1845) nach Dresden geschickt, und von dem hat sie umsonst Gesangsunterricht erhalten. Und sie ist jetzt mit der Zeit eine berühmte, hoch dotierte Opernsängerin geworden an der Dresdner Hofbühne und konnte endlich ihre arme Mutter samt Schwester verhalten. Anno 1832 erhielt sie dann einen Vierjahresvertrag an der Oper in (Buda-)Pest. Und jetzt haben sich »die führenden deutschen Opernhäuser« um sie gerissen, und »so zog sie von Stadt zu Stadt, allerorts große Triumphe feiernd.« Unter anderem in Berlin, Bologna, Breslau, Danzig, Göttingen, Graz, Hannover, Karlsruhe, Kassel, Königsberg (da durfte sie bei der Krönung vom Preußenkönig Friedrich Wilhelm IV. singen), Lemberg, Mailand (der Cavaliere Nicolo von Karajan hat sie dort vergebens an die Opera La Fenice in Venedig verpflichten wollen), München (dort zahlen sie doppelt so viel wie in Stuttgart), Nürnberg, Paris, Riga, Schwerin, Straßburg, Stuttgart (»Die Naivetät des schwäbischen Dialekts heimelte mich unbeschreiblich an«), Triest, Venedig, Warschau, Weimar und Zürich.

Und die Kritiker sind begeistert und überschlagen sich in ihren Lobeshymnen. Und die Verehrer stehen Schlange, und sie kann sich vor Heiratsanträgen kaum retten, aber sie lässt alle abblitzen. Bis auf einen, unsern Landsmann D. F. Strauß, weil der ihr so »enthusiastische Gedichte« geschrieben hat. Und anno 1842 Ende Juli hängt sie in Karlsruhe ihre glanzvolle Karriere von heute auf morgen an den Nagel, und Ende August heiraten die beiden in Horkheim und ziehen in das Deutschordensschlössle in Sontheim. Und anno 43 bringt sie ein Mädle auf die Welt, und dann verstreiten sie sich vor lauter Eifersucht, er zieht noch im gleichen Jahr nach Heilbronn, und dann vertragen sie sich scheints doch wieder für eine Weile: anno 45 kommt nämlich ein Büble dazu, und dann geht das Gehändel erst richtig los, und sie gehen endgültig auseinander. Sie will sich aber nicht scheiden lassen, und er kriegt zu ihrem großen Kummer die Kinder zugesprochen.

Nach dieser Katastrophenehe zieht sie ins Nesenbachtal und schlägt sich voll mit Gesangs- und Schauspielunterricht durchs Leben, bringt dort anno 57 beim Verlag Ebner & Seubert ihre Memoiren heraus »Aus dem Leben einer Künstlerin« – »meinen geliebten Kindern Georgine und Fritz Strauß herzlichst gewidmet.« Und am 22. Dezember 1869 ist sie dann in Stuttgart gestorben und auf dem Hoppenlaufriedhof begraben worden. Und er ist dann anno 74 auf den Alten Stadtfriedhof in Ludwigsburg gelegt worden und hatte seiner Lebtag lang die Nase voll von den Weibsbildern. Wenn er mitbekam, dass zwei heiraten wollen, hat er immer gemeint: »Schon wieder einer, so kommt für jeden die Stunde, da der Wahnsinn über ihn fällt!«

Die Mutter des Malers

Rosa Maier (1804–1897)

Hans Thoma (1839–1924) – nicht zu verwechseln mit dem Dichter Ludwig Thoma (1867–1921) und dem »Goldjörgli« Georg Thoma (*1937) – ist vor dem Ersten Weltkrieg »der bekannteste lebende Maler Deutschlands« gewesen.

Sein Vater, der gelernte Müller Franz Joseph Thoma (1794–1855), hat mangels einer eigenen Mühle als Holzarbeiter, hauptsächlich als Schindelesmacher, gearbeitet und grad so viel verdient, dass er und Weib und Kinder nicht verhungert sind.

Geheiratet hatte der die einer Menzenschwander Uhrmacherfamilie entstammende Rosa Maier, die ist in Bernau im Schwarzwald auf die Welt gekommen und am 24. Februar 1804 getauft worden und ist ein Bäsle gewesen von dem auf dem Höhepunkt seines Schaffens weltberühmten Porträtmaler Franz Xaver Winterhalter (1805–1873).

Außer ihrem Hans, dem sie am 2. Oktober 1839 im »Joglishaus« in Oberlehen, Gemeinde Bernau, das Leben schenkt, hat sie noch zwei weitere Kinder, den Hilarius (1830–1852) und ganz spät noch ein Mädle, ihre Agathe (1848–1928). Und mit vierzehn muss der Hans weg von daheim und versucht's in Basel mit einer Lehre als Lithograph, bald darauf als Maler und Anstreicher, schließlich als Uhrenschildmaler in Furtwangen, aber er kann das teure Lehrgeld nicht aufbringen, und Pfarrer, wie's die fromme Mutter gern hätte, oder Schreiber kann er auch nicht werden, und schließlich stirbt dem Hans auch noch der Vater weg. Und die gute Mutter, ohne eigenes Häusle, ohne Geld futtert den hochbegabten armen Kerle durch und hat »unter größten persönlichen Opfern die Entfaltung seiner künstlerischen Kräfte ermöglicht«.

Das ist aber noch ein weiter und steiniger Weg. Wohl erhält er anno 1859 ein Stipendium vom kunstsinnigen Großherzog Friedrich I. von Baden und darf sechs Jahre lang an der Karlsruher Kunstakademie studieren, aber danach, als freier Künstler ist er ein rechter Hungerleider, verkauft kaum einmal ein Bild, und wenn, dann wird er dabei noch übers Ohr gehauen. Und wenn er seine Mutter und seine Schwester nicht gehabt hätte, wer weiß, ob er dieses Leben durchgehalten hätte.

Und die zwei hat er oft gemalt, wunderschön, und die Mutter fast immer mit der Bibel in der Hand, »aus der sie soviel Lebenskraft schöpfte«. »Sie war so von innerster Natur aus fromm, und all ihr Tun war auf diese Frömmigkeit gegründet.« Und mitten in seinem Elend – die Kunstbanausen von Kunstkritikern seinerzeit hauen auf den »Schwarzwälder Bauernbuben« rein und machen seine schönen Bilder schlecht, und Intriganten gab's auch schon seinerzeit wie Sand am Meer – schreibt er heim nach Bernau: »Ich kann nun mit Gewißheit sagen, daß Gott mich führt, und daß er durch dunkle Wege mich geführt, bis ich erkannt habe, wie eitel alles ist, was den meisten Menschen so wichtig erscheint, und was auch mir so wichtig erschien.«

Mit der Zeit aber geht's doch ein bißle aufwärts, und anno 1877 heiratet er ein halb so altes Mädle, sein Malermodell Bonicella Berteneder (1858–1901), und weil er mittlerweile in Frankfurt gute Freunde und Aufträge hat, zieht er noch im gleichen Jahr mit seiner Frau an den Main, und Mutter und Schwester holt er aus ihrer Armut im Schwarzwald dazu, und selbviert leben sie miteinander in einem Haushalt, und das klappt sogar. Und anno 1880 adoptiert das kinderlose Ehepaar die Ella, eine Nichte der Frau.

Und die Mutter »betrachtete mich, als ich schon einen weißen Bart hatte, noch immer als ihren Bub, den sie genau auf Schritt und Tritt behüten wollte«, und das alte Weible hat es gottlob noch

erleben dürfen, wie allmählich der große Erfolg kommt. Anno 1888 guckt die Cosima Wagner ins Atelier rein und ist so begeistert, dass sie ihren Schwiegersohn Henry Thode, den Direktor vom Städelschen Kunstinstitut, vorbeischickt, und der wird Thomas bester Freund, und jetzt wird der Maler mit einem Schlag berühmt.

Anno 1897, am 23. Februar stirbt die Mutter in Frankfurt. Und er weint, wie ein Kind nur weinen kann, und schreibt: »Der Tod meiner Mutter war einer der bedeutendsten Momente in meinem Leben, und eine solche Erschütterung zittert lange nach.« Und: »Der Glaube an die Unsterblichkeit stand unerschütterlich und felsenfest wieder einmal vor mir, so daß diese Todessstunde meiner Mutter eine der feierlichst schönen Stunden meines Lebens bleiben wird.«

Hausfreund Hebel

Johann Peter Hebel (1760–1826)

In diesen von der politischen, ökonomischen, meteorologischen und klimatologischen Großwetterlage her so trüben Tagen tut es gut, wieder einmal nach den Kalendergeschichten aus dem »Schatzkästlein des rheinischen Hausfreunds« zu greifen. Ihr Verfasser Johann Peter Hebel ist auf den Tag genau ein halbes Jahr nach Schiller am 10. Mai 1760 in Basel zur Welt gekommen, wo seine Eltern im Hause der Patrizierfamilie Iselin-Ryhiner als Dienstboten ihr täglich Brot verdienten. Bereits im darauf folgenden Jahr verliert er den Vater, und anno 1773 stirbt die kranke Mutter auf dem Bauernfuhrwerk, mit dem er sie von Basel in ihr Heimatdorf Hausen im Wiesental bringen sollte. »Der Segen ihrer Frömmigkeit hat mich nie verlassen. Sie hat mich beten gelehrt; sie hat mich gelehrt an Gott glauben, auf Gott vertrauen, an seine Allgegenwart denken. Die Liebe vieler, die an ihrem Grabe weinten und in der Ferne sie ehrten, ist mein bestes Erbteil geworden, und ich bin wohl dabei gefahren.«

Ein Legat der gütigen Basler Herrschaft und der Hausener Pfarrer ermöglichen dem hochbegabten Waisenknaben den Besuch des Gymnasiums in Karlsruhe und das Studium der Theologie in Erlangen. Nach dem Examen anno 1780 aber wartet er »elf Jahre lang vergeblich auf Amt und Versorgung«, hungert sich als Hauslehrer und Vikar durch das Badener Land und die mageren Jahre. Dann holt ihn der geniale, von seiner württembergischen Großmutter erzogene Markgraf Carl Friedrich nach Karlsruhe als Lehrer ans Gymnasium, und fortan geht es steil bergauf: Er wird Hofprediger, außerordentlicher Professor, Kirchenrat, Direktor des Gymnasiums und zuletzt noch anno 1819 Prälat, also Landesbischof im neu geschaffenen Großherzogthum Baden, und vereinigt die seit der Reformation getrennten Lutheraner und Reformierten. Am 22. September 1826 stirbt er auf einer Dienstreise im Schwetzinger Gesandtenhaus und wird dort in alter kurpfälzischer Erde begraben. »Es ist eine schöne Grabstätte unter einem Baum, wie wenn ein müder Wandersmann unter einem schattenreichen Baum Kühlung und Erquickung findet.«

»Aus Sehnsucht nach der Heimat und nach der Kindheit wurde er zum Dichter.« Anno 1803 erscheinen seine schon von Goethe und Jean Paul geschätzten »Allemannischen Gedichte«.
Anno 1807 wird ihm die Herausgabe des amtlichen badischen Kalenders »Der Rheinländische Hausfreund« übertragen, dessen Gewinn dem Karlsruher Gymnasium zufließt. Und für ihn schreibt er seine eigentlich »jeweils nur für ein Jahr bestimmten kurzen Erzählungen und Betrachtungen«, die zu »Köstlichkeiten des ganzen deutschen Schrifttums geworden sind, und durch sie ist Hebel auch heute noch für Ungezählte ein stets neu beglückender und niemals versagender Lebensbegleiter«. Und viele gscheite Leute, von Burckhardt bis Bergengruen, von Heuss bis Heidegger, von der Putzfrau bis zur Punkerin*, zählen ihn zu ihren Lieblingsdichtern. Und der unvergessene Professor Ernst Bloch in Tübingen hält Hebels »Unverhofftes Wiedersehen«, die Erzählung von dem kurz vor der Hochzeit verschütteten Bergmann in Falun und seiner Braut, gar für »die schönste Geschichte der Weltliteratur«. Und sein »Schatzkästlein des rheinischen Hausfreundes«, anno 1811 erstmals erschienen bei Cotta in Tübingen, wird auch heute noch in jeder Buchhandlung für ein paar Euro verschenkt.

Und »alle Mundartdichtung ist undenkbar ohne ihn, der als erster zeigte, wie der Dialekt auch Innigstes und Großartigstes aussprechen kann.« Und er, dem »Goethe den poetischen Adelsbrief ausgestellt hatte«, freute sich: »Ich kann in gewissen Momenten in mir unbändig stolz werden und mich bis zur Trunkenheit glücklich fühlen, daß es mir gelungen ist, unsere sonst so verachtete und

lächerliche Sprache klassisch zu machen und ihr eine solche Celebrität zu erringen.«

Wem bei Hebels Lektüre nicht automatisch das Herz aufgeht und die Mundwinkel nach oben, bei dem sind wirklich Hopfen und Malz verloren. Und hoffentlich legt mal jemand unserer Frau Bundeskanzlerin sein Büchle aufs Nachttischle.

Wanderer, kommst Du grad mal nach Schwetzingen, so lege ihm dorten eine Rose auf sein (schon an der Hauptstraße schön ausgeschildertes) kühles Grab.

Peregina / Peregrinus auf dem Jakobsweg nach Santiago de Compostela, kommst Du in das Dörfle La Faba am steilen Cebreiropass, dann wisse, dass dort justament auf den Tag genau an Hebels 175. Todestag eine mit allewege gut wirtembergischem Geld gestiftete Pilgerherberge eingeweiht worden ist, und dass deswegen jede/r Pilger/in aus Württemberg (und Baden!) dort dank des »ius primae noctis« die erste Nacht omesonst unterkommen darf, wenn sie / er zuvor sämtliche Strophen eines Silcherliedes singen respektive ein Gedicht von Schiller, Mörike, Hölderlin, oder nadierlich Hebel auswendig hersagen kann.

Siehe:
»So a Menschle« in: »Herr, schmeiß Hirn ra!« Seite 124–128
und »Schwäbische Juwelen« Seite 38–40

Ehrenbürger Heuss

Theodor Heuss (1884–1963)

Hochgeschätzter Herr Professor Heuss, lieber Bundesvater, Landsmann und Vetter Theodor!

Zu Deinem 70. Geburtstag anno 1954 hat die Stadt Stuttgart Dir, »dem wackeren Schwaben, dem treuen Hüter des geistigen Erbes unserer Ahnen, dem mutigen Kämpfer für Demokratie in Freiheit, dem Wegbereiter eines friedlich geeinten neuen geistigen Deutschland« mit vollem Recht das Ehrenbürgerrecht verliehen und Deiner Elly und Dir zur Feier des Tages praktischerweise den Grabstein auf dem Waldfriedhof geschenkt. Und der Herr Professor Josef Eberle, der Mitbegründer, Herausgeber und Chefredakteur des den Verf. seit 1973 ernährenden Intelligenzblattes, hat Dir als ganz besonderes Geburtstagspräsent sein allererstes lateinisches Gedicht verfasst:

»SALVE
MACTE PATER PATRIAE!
AVE THEODORE!
VRBS EXSVLTAT LAVDANS TE
SVEVO SVAVI ORE.
DIGNVS ES HONORVM BIS:
CIVIVM EXEMPLVM
AC ORNATOR LITTERIS
INTELLECTVS TEMPLVM
VIR QVEM AMANT LITTERAE
NON ERAT IN AEVIS
PRAESVL REI PVBLICAE
NEC CVM SVIS SVEVIS.«

Und als Du im September 1959 Dein Bonner Amt dem Heini Lübke, jenem begnadeten Rhetoriker aus dem Sauerland, überlassen hast und Du in Dein Häusle auf dem Killesberg gezogen bist, da haben Dir Deine Stuegerter einen Empfang bereitet wie später nur noch dem Charles de Gaulle (Vorfahren aus dem Ammertal), der Elizabeth II. (Oma Queen Mary von Teck) und den Klinsmännern (Göppingen / Botnang).

Und grad so war's ja dann auch bei Deiner schönen Leich im Dezember 1963, als man Dich in Degerlocher Heimaterde dort beim vorangegangenen Freund und Ernährer Robert Bosch beigesetzt hat

Du hast ja in Deinen Jugenderinnerungen »Vorspiele des Lebens« selber geschrieben: »Eine in ihrem Gesamtumfang noch unveröffentlichte schwäbische Genealogie, die über die Großmutter Kallenberger auf die Filder und nach Degerloch führt, hat mich beinahe eingeschüchtert, denn nun drängen sich, von dem württembergischen Kernland aus, die ›Vettern‹ mit Namen: Gustav Schwab und Karl Gerok, Gustav Schmoller und Gustav Rümelin, Julius Haußmann und Max Eyth, Friedrich Theodor Vischer und Ottilie Wildermuth, Georg Herwegh und Karl Mayer, Philipp Matthäus Hahn und Gustav Werner, Wilhelm Maybach und Ernst Heinkel – es hört gar nicht auf. Völlig ahnungslos bin ich in die eigentümlichste, so kontrastreiche wie anregende Gesellschaft geraten.«

Und dank dem rührigen Rolf Bidlingmaier, Stadtarchivar von Metzingen, und seiner Abhandlung »Vorfahren des Bundespräsidenten Theodor Heuss auf den Fildern« hast Du posthum erfahren, dass Du – wie übrigens auch Dein ebenso beliebter Herr Kollege Richard Freiherr von Weizsäcker über seine Mutter Marianne von Graevenitz – ein Nachkomme jenes 1591 verstorbenen und in der Degerlocher Michaelskirche unter der Pfarrbank ruhenden »Magister Christopherus Raphius, Nagoltensis« bist, jenes fruchtbaren »Ahnherrn von (Degerlocher) Bauern, (deutschen) Bundespräsidenten und (dänischen) Königen«. Und dass dessen 1611 an der Pest verstorbene Ehefrau Eva Dir mit ihrer hochfürstlich wirtembergischen Abstammung fast sämtliche

deutsche Kaiser und europäische Könige des Mittelalters auf Deine Ahnentafel gebracht hat.

Und deshalb ist meine Patentante, die »Dote Aline« ja auch so ein »Bäsle« von Dir gewesen, aus deren Konditorei in der Löwenstraße 83 Deine Elly immer ihre Kuchen, Torten und Hefezöpfe in Euer Haus in der Löwenstrasse 86 holte, und die Dir bis zuletzt noch äll Christtag die Springerle, Gutsle und Ausstecherle nach Bonn in die Villa Hammerschmidt schicken durfte, und der Ihr zwei immer so lieb Dankschee gesagt und geschrieben habt. Und natürlich auch von meiner Mutter, vor der Du als Pensionär, mit Deiner Zigarr auf dem Bänkle im Ramsbachtal hockend, freundlich grüßend den Hut gezogen hast, als sie dort mit ihrem letzten Degerlocher Kuhfuhrwerk das Heu heim holte.

Und darum hat Dir Deine hiesige Verwandtschaft ja auch die unter den Knickern Klett, Rommel und Schuster Jahrzehnte lang vergeblich in Presse und Gemeinderat geforderte Gedenktafel in der Löwenstraße halt jetzt grad mit Fleiß selber gestiftet und mit einer riesigen, die ganze Fahrbahn verstopfenden Verehrerschar termingerecht am 50. Todestag Deiner Elly enthüllt:

»IM ERDGESCHOSS
DIESES HAUSES
WOHNTEN VON 1945 BIS 1949
THEODOR HEUSS
BRACKENHEIM 1884–1963 STUTTGART
MITGLIED DES REICHSTAGES
KULTMINISTER VON WÜRTTEMBERG-BADEN
MITGLIED DES PARLAMENTARISCHEN RATES
ERSTER PRÄSIDENT DER BUNDESREPUBLIK
DEUTSCHLAND
UND SEINE IHM 1908 VON ALBERT SCHWEITZER
ANGETRAUTE EHEFRAU
ELLY HEUSS-KNAPP
STRASSBURG 1881–1952 BONN
GRÜNDERIN DES MÜTTERGENESUNGSWERKES«

Und im Sommer 2006 kam die schöne, ebenfalls von Markus Wolf geschaffene, von den freundlichen Allgäuer Doktorsleuten Barbara und Johannes Weingart gestiftete Bronzetafel am Heusshaus in Heilbronn in der Lerchenstraße 43 dazu:

»HIER VERBRACHTEN
DER ERSTE PRÄSIDENT
DER BUNDESREPUBLIK DEUTSCHLAND
THEODOR HEUSS (1884–1963)
UND SEINE BRÜDER
LUDWIG HEUSS (1881–1932)
UND
HERMANN HEUSS (1882–1959)
IHRE JUGENDJAHRE

DAS 1892 VON STADTBAUMEISTER
LOUIS HEUSS (1853–1903)
UND SEINER EHEFRAU
ELISABETH GEB. GÜMPEL (1853–1921)
ERRICHTETE HAUS WURDE 1944 BEI DEM
SCHWEREN LUFTANGRIFF AUF HEILBRONN
BIS AUF DIE GRUNDMAUERN ZERSTÖRT«

Und jetzt wollten wir Dir auch noch einen Gedenkstein stiften
zum 100. Hochzeitstag in Strassburg mit der deutsch-französi-
schen Inschrift

»IN DIESER KIRCHE
WURDEN VON DEM SPÄTEREN
FRIEDENSNOBELPREISTRÄGER
ALBERT SCHWEITZER 1875–1965
AM 11. APRIL 1908 GETRAUT
DIE STRASSBURGER
PROFESSORENTOCHTER
ELLY KNAPP 1881–1952
UND DER NACHMALIGE
ERSTE PRÄSIDENT DER
BUNDESREPUBLIK DEUTSCHLAND
THEODOR HEUSS 1884–1963
›SO BIST DU MIR HEIMAT GEWORDEN‹«

Und wir haben am 1. Januar 2008 in einem schönen Brief an eine
immer wieder sich Deines schönen Namen rühmende schöne
Stadtschultheißin asuevischer Herkunft im Stuttgarter Rathaus
ganz lieb darum gebeten, uns doch das ganze damit verbundene
und notwendige Bürokratengeschäft mit der Partnerstadt Straßburg abzunehmen – so wie beispielsweise die Kieler Oberbürger-
meisterin und Stuttgarter Schauspieldirektorsschwiegermutter
Angelika Volquartz unsere ihr per Briefträger zugeschickte bron-
zene Gedenktafel für Herrn Vetter Carl Friedrich Freiherr von
Weizsäcker freudig und völlig unbürokratisch mit einer »sehr,

sehr, sehr schönen Feier« an dessen Kieler Geburtshaus ange-
bracht hat.

Leider, leider, leider haben wir von dieser heusslichen Dame aus
der Zentrale des »neuen Herzen Europas« nie eine Antwort auf
unser so freundlich vorgebrachtes Ansinnen erhalten. Und nachdem der Termin mit der Hochzeit ohne jegliche Reaktion und Resonanz verstrichen war, baten wir im Blättle höflichst aber ebenso
vergeblich um die Anbringung wenigstens zu Deinem Eineinvier-
telcentenarium am 31. Januar 2009. Und wieder ist nix draus geworden, mein lieber Theo, es tut uns leid, aber bei solchen »Rat-
haustrielern« krieget Ihr drei Eure Tafel wohl erst am Sankt
Nimmerleinstag.

Ein edler Filderbauer

Wilhelm Hertig (1912–2004)

Die nicht nur ihrer Krautköpfe wegen gerühmte überaus fruchtbare Filderebene im Herzen des Herzogtums, späteren Königreichs Württemberg hat eine ganze Fülle bedeutender und gescheiter Köpfe hervorgebracht.

Einer von ihnen: der Wilhelm Hertig.

Seine Altvorderen sind allesamt rechte, stolze und fleißige Filderbauern gewesen, und selbst sein hochfürstlicher Heldenahn, der
»Carl Herzich«, hat ja mit seiner Franziska in Hohenheim gelebt
wie ein Filderbauer unter Filderbauern. Und sein Vater, der Gottlob Hertig, hat das Bauernmädle Christiane Walker geheiratet,
auch so Filderuradel, und die hat am 16. Januar 1912 zusammen
mit der Hebamme den Wilhelm daheim in der Stub in Plieningen
auf die Welt gebracht. Und dort ist er aufgewachsen, auf dem
Acker und im Kuhstall, und in der Evangelischen Volksschule hat
er alle die schönen Verse vom Schiller, vom Mörike, vom Hölderlin und so gelernt, dass er sie noch im hohen Alter auswendig hat
hersagen können, und hat – wie in Schwaben einstens üblich –
auch schon früh selber eigene Verse gemacht.

Und wie alle die Hertig davor, seit wir Alemannen (= Schwaben)
im dritten Jahrhundert die alten Römer davongejagt und uns auf
deren fruchtbaren Feldern mit den meterdicken Lößböden, in den
Ingen-Dörfern angesiedelt haben, ist natürlich auch er ein Bauer
geworden. Denn trotz seinem »schönen Gelehrtenschädel mit
dem rotblonden Haar« (Erbteil vom Ahnherr Herzog Carl Eugen)

hat seinerzeit so ein Bauernbub nicht auf die Oberschule gehen dürfen. Aber wenigstens ist der Wilhelm nach Hohenheim und hat dort den Obstbau studiert und ist obendrein auch noch Baumwart geworden. Sonst aber hat er halt jahraus, jahrein sein Spitzkraut gepflanzt, seine Grombiere gsteckt und seine Angerschen und seinen Weizen und Haber gesät und geerntet und seine Milchkühe gemolken und ist mit seinem Gaulsfuhrwerk durch den Flecken und auf die Felder gefahren. Bis dann der große Krieg angefangen hat. Und anders als sein Bruder Albert, der in Russland gefallen ist, hat der Wilhelm anno 1947 aus dem Krieg, aus der Gefangenschaft heimkommen dürfen. Dort in dem Lager Rosswell in New Mexico hat der »Prisoner of War« 1946 in seinem Heimweh das folgende Gedicht geschrieben:

»Heimat, wie liebe ich dich so sehr
Der Weg führt mich wieder zu Dir übers Meer
Bin ja von dir schon so lange fort
Kehr nun zurück an den trauten Ort
An den Ort, wo meine Wiege noch steht
Wo meine Mutter sprach mit mir das erste Gebet
Wo vor dem Haus der Brunnen rauscht
Wo ich der Vöglein Lieder gelauscht
Wo die Schwalben haben ihr Nestlein gebaut
Wo mir jede Stimme ist so vertraut
Wo ich begrüße meine Lieben
Die trotz weiter Ferne
So nah mir geblieben
Wo ich erlebte der Jugend Glück
Zu dir, liebe Heimat, kehr ich zurück.«

Am 1. April 1942 hatte der großkotzige Goldfasan Karl Strölin, anno 33 ins Amt gedrückter Oberbürgermeister von »Groß-Stuttgart«, bei Nacht und Nebel mit den ganzen Filderdörfern Vaihingen, Rohr und Möhringen auch sein geliebtes Plieningen nach bewährter Manier ungefragt einkassiert gehabt. Und jetzt ist das losgegangen, dass diese stupiden Stinkstiefel in Stuttgart diese einzigartig fruchtbare Landschaft (schwäbischer Plural: das Brett,

die Britter und das Feld, die Filder) in ihrer Habgier und ihrem Unverstand und mit ihrer Salamitaktik nach und nach in eine Betonwüste verwandeln. Und der »Landwirtschaftliche Ortsobmann« Wilhelm Hertig ist aufrechten Hauptes und mit offener, freier Rede hin gestanden und hat den hochnäsigen Herrschaften im Rathaus und auf Reitzenstein auf seine feine Art, aber deutlich die Meinung gesagt. Und anno 1967 hat er zusammen mit der tapferen Frau Dr. Liesel Hartenstein (1928–2013) und vielen anderen gescheiten Leuten die (jetzige) »Schutzgemeinschaft Filder« gegründet. Und wenn sie auch leider nicht viel von dem fruchtbaren Filderboden retten konnten (die Beton- und Asphaltmafia und die Juristen halten doch zusammen wie die Filzläuse), so haben sie doch wenigstens das Nachtflugverbot erreicht und die Fluglärmkommission hingekriegt. Und sie hoffen bloß, dass diese unselige »Zweite Startbahn« für alle Zeiten nicht bloß in der Schublade verschwindet, sondern in der »Grünen Tonne«.

Und der auch bei seiner Gegnerschaft hoch angesehene Wilhelm Hertig hat seiner Lebtag lang alle Orden und Ehrenzeichen dankend abgelehnt. »Von einer Landesregierung, die auf den Fildern nur Ungutes anrichtet, könne er keine Ehrung annehmen.«

»Ruft der Herrgott mich einst zur Ruh,
so deckt mit kühlender Erde mich zu.
Legt auf diesen Friedhof mich hin,
in dem Dörflein, da ich geboren bin.
Im weiten Umkreis ist es bekannt:
Es ist Plieningen,
die Perle der Filder genannt.«

Aber kaum dass er am 26. April 2004 daheim in seiner Bauernstube gestorben gewesen war, und ihm eine riesige Trauerschar auf dem Plieninger Kirchhof an der Martinskirche auf die Leich gegangen ist, hat man ihn einen Steinwurf weg von seinem Grab mit dem »Wilhelm-Hertig-Weg« geehrt. Und bald ist ihm auch noch sein Weib nachgefolgt, seine Emma, geborene Blauss (1920–2007). Die hat die ganzen Kriegsjahre auf ihn gewartet gehabt und für ihn gebetet, und gleich nachdem er aus der Gefangenschaft heimgekehrt war, haben sie geheiratet. Und die ist ein Bäsle gewesen vom letzten Müller der uralten wunderschönen Seemühle im Körschtal unterhalb vom Schloss Hohenheim, die der Stuttgarter »Baureschultes« Arnulf Klett dem guten Mann zwangsweise für ein Nasenwasser abgeflaucht und danach sofort – Denkmalschutz hin, Denkmalschutz her – anno 65 einfach abgerissen und dem Erdboden gleichgemacht hat. Und diese Kulturschande hat nicht einmal der Heimatfreund und Heimatdichter Wilhelm Hertig verhindern können. Und jetzt erinnert bloß noch die Straßenbahnbusendstation »Seemühlenweg« und ein paar Ölgemälde an das verschwundene barocke Bilderbuchbauwerk aus den Tagen des Herzogs Carl Eugen.

Aber ganz viele erinnern sich noch an dessen Sprössling, den tapferen und freundlichen, den guten Wilhelm Hertig. Und meinen mit dem guten Theodor Fontane:

»Der ist in tiefster Seele treu,
der die Heimat liebt wie Du.«

Loriot est mort! Vive Loriot!

Vicco von Bülow (1923–2011)

Wiewohl dem mecklenburgischen Uradel (urk.1154) entstammend und 1923 im (vormals urschwäbischen) Brandenburg an der Havel geboren, hat Bernhard Victor Christoph-Carl (»Vicco«) von Bülows Biographie im (vormals altbadischen) Stuttgart so manche wichtige Weichenstellung erfahren:

Loriot und Stuttgart:

Erstens: Viccos Vater, der Polizeimajor Johann-Albrecht von Bülow (1899–1972), wird 1938 in die Heimat seiner ersten Frau Charlotte, geborene von Roeder (1899–1929), versetzt und bezieht mit den beiden Söhnen eine Wohnung im Haus Kanonenweg (nachmals Haußmannstraße) 1 am Eugensplatz.

Zweitens: Die Buben besuchen das altehrwürdige Eberhard-Ludwigs-Gymnasium (urk. 1686). Er besteht 1941 das Notabitur und ist dieser Schule und ihren Lehrern, allen voran dem späteren Rektor Rudolf Griesinger, sein langes Leben lang von Herzen dankbar. Sein in der Festschrift zur 325-Jahrfeier abgedrucktes Grußwort lässt bereits den nahen Tod erahnen.

Drittens: Als Schüler verdient er sein erstes Geld als Statist an hiesiger Staatsoper und benachbartem Schauspielhaus.

Viertens: Seine erste Filmrolle, ein Page am Hofe Herzog Carl Eugens, erhält er 1940 in dem im noch nicht von Kriegsbomben und Wiederaufbau zerstörten alten Stuttgart gedrehten Film »Friedrich Schiller. Triumph eines Genies.«

Fünftens: Der von der Ostfront als Oberleutnant gottlob unversehrt heimgekehrte, mittlerweile sehr erfolgreiche Zeichner und Buchautor zieht nach Ammerland am Starnberger See. Seine freundliche Nachbarin ist die gebürtige Stuttgarterin Christine Freifrau von Laßberg, Mitstifterin beim Kauf des Nibelungenlieds und Stifterin der Stauferstele von Meersburg.

Sechstens: Der 1927 in Hamburg geborene, jetzt im Sillenbucher Augustinum lebende nachmalige Fernsehdirektor in Bremen und Baden-Baden Dieter Ertel vom innovationsfreudigen Süddeutschen Rundfunk entdeckt Loriot für das Fernsehen. 1967 bis 1972 entsteht die sauglatte und hochintelligente Fernsehserie »Cartoon« – und als das Filbingerregiment das Ludwigsburger Schloss als Drehort verweigert, bittet der königwilhelmstreue Thaddäus Troll den Herzog Philipp Albrecht von Württemberg mit Erfolg um dessen Schloss Monrepos. Ertel geht 1974 nach Bremen, nimmt Loriot mit und lässt ihn dort jene supergenialen, noch viele Generationen beglückenden Kabinettsstücke schaffen.

Siebtens: Anno 1986 kehrt Loriot vorübergehend nach Stuttgart zurück und inszeniert die Oper »Martha« und zwei Jahre drauf den »Freischütz« bei den Ludwigsburger Schlossfestspielen.

Loriot und Degerloch:

Erstens: Der dem Filderbauernuradel (urk. 1373) entstammende Autor des Bestsellers »Herr, schmeiß Hirn ra!« (1985) verfasst ein von dem Stuttgarter Typografenpapst Professor Hansjörg Stulle (wunderschön & omesonst) gestaltetes »Programm der Feierlichkeiten aus Anlaß der Vollendung des 66,6. Lebensjahres von Herrn Bernhard Victor Carl-Christoph von Bülow – vulgo Vicco – alias Loriot – am 13. Juli 1990« – welch selbiges vom Jubilar als »kongenial« empfunden wird.

Zweitens: 1995 erscheint bei der (damals noch in Stuttgart ansässigen autochthonen) Deutschen Verlags-Anstalt der von Loriot illustrierte Nachfolgebestseller »Mehr Hirn!«. Dieses Buch samt den dazugehörigen Benefizveranstaltungen hat der von diesem initiierten Rettungsaktion für den vom Einsturz gefährdeten Dom in seiner Vaterstadt Brandenburg laut (allerdings vorbestraftem) Schatzmeister Otto Graf Lambsdorff »über 1,25 Millionen DM« und dem Verf. ein (nadierlich sofort weiterverschenktes) Bundesverdienstkreuz eingebracht.

Drittens: Zu Weihnachten 1996 schreibt Loriot nach Degerloch: »Lieber, verehrter Herr Dr. Raff, dieses Jahr darf nicht zu Ende gehen, ohne daß ich Ihnen noch einmal von Herzen gedankt habe. Nicht zuletzt durch Ihre Hilfe war es möglich, das Geld zusammen zu bekommen, um den Brandenburger Dom fürs Erste abzusichern. Ich muß Ihnen an dieser Stelle auch sagen, daß ich keinen Menschen kenne, der wie Sie sein Können und seine Mittel so bedingungslos dort einsetzt, wo Hilfe gebraucht wird. Das ist eine Eigenschaft, die heute selten geworden, auf die aber unser öffentliches Leben mehr denn je angewiesen ist.«

Und dabei hatte Loriot doch einen so großen Bekanntenkreis …

Viertens: Anno 2003 will der Verf. dem »vielleicht bedeutendsten deutschen Denker im Europa des 20. Jahrhunderts« zum 80. Geburtstag eine Gedenktafel am Haus am Eugensplatz stiften – wie dies bereits für Richard von Weizsäcker an dessen Geburtshaus am Neuen Schloss anno 2000 geschehen war. Der bescheidene Jubilar möchte aber diese Ehrenbezeugung »erst nach m(s)einem Ableben« verwirklicht sehen.

Fünftens: Einen besonders schönen Gruß zu seinem »Senilitätsgedenktag« erhält der Verf. anno 2006 aus Ammerland: Ein von Degerloch träumendes Loriot-Männchen mit dem dann tatsächlich in Erfüllung gegangenen Wunsch: »Der Dr. Raff von Degerloch, er lebe lang und dreimal hoch!«

Sechstens: Loriot, am 22. August 2011 in Ammerland verstorben und in Berlin im Friedhof Heerstraße beigesetzt, erhält als Anlass seines 90. Geburtstages eine von Dr. Volker und Christa Merz gestiftete ionische Gedenksäule am Eugensplatz errichtet, direkt vor der Haustür an einer Stelle, die er täglich auf dem Weg in das Eberhard-Ludwigs-Gymnasium mit seinem noch in den letzten Kriegstagen bei Gorgast im Oderbruch gefallenen Bruder Johann Albrecht Sigismund von Bülow (1924–1945) überquert hat.

Siebtens: »Lieber Loriot, auf Wiedersehen!«

Hie gut Wirtemberg allewege!

Martin Hohnecker (1939–2012)

Der Verfasser hat auf dem Weg nach Australien, viel näher am antarktischen Neu-Schwabenland als am arktischen Alt-Schwabenland, die erschütternde Nachricht vom Tod seines Förderers und Mentors Martin Hohnecker, dieses allezeit freundlichen und liebenswürdigen, begnadeten Journalisten alter schwäbischer Schule, erhalten. Dort fern der Heimat, im sonnendurchfluteten Tropical Rainforest of Far North Queensland, sind dann die nachfolgenden sehr persönlichen Worte des Gedenkens und des Dankes geschrieben – aber nicht veröffentlicht – worden.

Martin Hohnecker, von der Leserschaft hoch geschätzter Nachfolger von Richard Glaser und Gerhard Eigel als Lokalchef, und nachmals obendrein stellvertretender Chefredakteur der »Stuttgarter Zeitung« hatte 1996 den schönen Gedanken, eine donnerstägliche Kolumne unter dem Titel »Raffs Raritäten« erscheinen zu lassen, »eine bunte Palette landesgeschichtlicher Raritäten: Denkwürdigkeiten, Kalendergeschichten, Kuriositäten, Jubiläen, vergessene Landsleute – lauter Kostbarkeiten, die in unserem schnelllebigen Internetglobalismus unterzugehen drohen« (hoh), und zwar in der »neben Griechisch und Lateinisch wichtigsten Kultursprache des Abendlandes, in schwäbischer Mund-Art« (raf). Und damit dem seit Silvester 1978 frohen Herzens stellungslos gewordenen Landsmann erstmals wieder seit dem bis heute unerklärlichen Rauswurf bei »Sonntag Aktuell« an Silvester 1992 ein geregeltes Einkommen verschafft.

Martin Hohnecker, noch im letzten Friedenshauch des Jahres 1939 im heiligen Korntal geboren, dem altwirtembergischen Ur- adel entstammend und mit der gesamten schwäbischen Geistesa- ristokratie vielfach versippt – seine Mutter ist eine geborene Daur – und gelernter Verlagsbuchhändler, hatte am 1. April 1969 den Weg zur Stuttgarter Zeitung gefunden und war noch unter der strengen, aber väterlichen Hand des Altmeisters der schwäbi- schen, deutschen und lateinischen Feder, des legendären Herrn Professor Dr. h.c. Josef Eberle alias Josephus Apellus sive Sebastian Blau respektive Der alte Wang (1901–1986), höchstpersönlich zu schwäbischer Präzision und Perfektion angeleitet worden.

Wir erinnern uns seiner – schon die ganze Woche über sehnsüch- tig erwarteten – samstäglichen Glossen mit Freuden, waren sie doch in ihrer Frechheit und Spritzigkeit so etwas wie »gedruckter Champagner« (raf). Aber auch mit Wehmut: Trotz vielfacher Auf- forderung hat er sie nicht in gesammelter Form herausgegeben und zum Bestseller werden lassen, unverständlicherweise, stand doch der Verleger Ulrich Frank-Planitz mit seiner Deutschen Ver- lags-Anstalt, später dem Hohenheim Verlag mit offenen Armen und gezücktem Scheckbuch bereit.

Umso mehr hat er für die dort erschienenen »Blockbuster« (hoh 2003) des Verfassers getan: »Raffs Reißer. Hie gut Wirtemberg allewege! Das hat es in der Verlagsstadt Stuttgart wohl noch nie gegeben, daß ein Buch vor der offiziellen Vorstellung bereits ver- griffen war« (hoh 1988). Und bei »Wirtemberg II« war er es, der publizistisch dafür gesorgt hat, dass binnen vier Wochen über eine halbe Million Mark auf dem Tisch lag zum Bau einer Pilgerher- berge am spanischen Jakobsweg und für die Anstalt Stetten. Und nicht nur der Verf. hat es immer wieder als Sternstunde empfun- den, wenn er als brillanter, liebevoller Laudator auftrat, zuletzt noch 2010 bei der Verleihung des Daniel-Pfister-Preises in der Köngener Zehntscheuer.

Und als der Verfasser seines Kampfes für die von einfältigen Raff- kes und zweibeinigen Rindviechern bedrohte Filderheimat

wegen, außer beim Radio und Fernsehen, nun auch noch bei der Zeitung rausgeschmissen und vollends mundtot gemacht werden sollte, da hat er schützend seine Hand über den »gemessen an seinen Einkünften spendabelsten Mäzen der Menschheit« (hoh 2003) gehalten.

Und seit er eine ganze Zeitungsseite den in seiner Anwesenheit eingeweihten Stauferstelen von Wimpfen und Weinsberg gewidmet hat, können wir uns vor Stauferstelenstiftern kaum mehr retten. Bei der Stele der von ihm in seinem Buch »Heidenei, Frau Minister!« so trefflich und köstlich porträtierten Annemarie Griesinger am 21. April in Markgröningen konnte er aus gesundheitlichen Gründen schon nicht mehr dabei sein. Am 6. Mai 2012, am Tag, als die Stele XVI an der Burg Niederhaus im Ries enthüllt wurde, ist er einer schrecklichen Krankheit erlegen.
»Ein kühl Erdreich wird mein Doktor sein.« (Herzog Christoph). Mit Martin Hohnecker ist wieder ein Stück vom alten, guten Wirtemberg von uns gegangen.

Thank you, farewell and see you!

Mit einem Satz weltberühmt

Ritter Gottfried von Berlichingen (um 1480–1562)

Anno 1731 erschien in Nürnberg die Mitte des 16. Jahrhunderts auf der Burg Hornberg am Neckar dem dortigen Patronatspfarrer diktierte »Lebensbeschreibung des Herrn Gözens von Berlichingen«. Ein Exemplar dieses Buches landete in der Bibliothek des Kaiserlichen Rats Johann Kaspar Goethe in Frankfurt und diente seinem gerade mal 22 Jahre jungen Sohn Johann Wolfgang als Vorlage, als der anno 1771 innerhalb von sechs Wochen die Urfassung seines Sturm- und Drang-Dramas um den Haudegen aus der Zeit der Reformation und der Bauernkriege niederschrieb, das ihm über Nacht den ersten literarischen Ruhm einbringen sollte.

Das darin enthaltene, vom reifen Dichter auf Drängen seiner Freunde Wieland und Herder nur noch mit unverfänglichen Gedankenstrichen wiedergegebene, bei jeder Theateraufführung stürmisch umjubelte, auch noch der Pisa-Generation vertraute »Götz-Zitat« lautet also: »Sag deinem Hauptmann: Vor Ihro Kayserliche Majestät habe ich, wie immer, schuldigen Respekt. Er aber, sag's ihm, kann mich im Arsch lecken!«

Ein Spruch geht um die Welt. Es hat seinen Urheber und seinen Verfasser weltberühmt gemacht und dürfte zweifellos das bekannteste und meist verbreitete Dichterwort der ganzen Menschheitsliteratur geworden sein und taucht in alle Sprachen und Dialekten dieser Erde auf. Die eigentlichen Urheberrechte aber für diesen auch von Schiller, Mozart und anderen abendländischen Geistesgrößen so gerne gebrauchten so genannten »Schwäbischen Gruß« des fränkischen Reichsritters liegen indessen in Pompeji. Sebastian Blau alias Josef Eberle hat seine Landsleute auf die von Nobel-preisträger Theodor Mommsen entdeckte Inschrift »Fortunate, linge culum« hingewiesen.

Und auf »die darauf aufgebaute Weltanschauung. Man nennt die-ses System, das man als volkstümliche Wiedergeburt der alten Stoa ansprechen könnte, den L.m.i.A.-Standpunkt. Wer sich da-rauf stellt, der ist gefeit, gegen ihn stürmen die Wogen des Schick-sals machtlos an.« (1935). Und Thaddäus Troll empfahl diese Ein-stellung als »kostenloses und rezeptfreies Mittel gegen Magenge-schwüre.«

Die 1151 im Zusammenhang mit der mit ihrer Hilfe erfolgten Stif-tung des Klosters Schöntal erstmals urkundlich erwähnte, nach ihrem Stammhaus an der Jagst benannte Familie trägt diesen Weltruhm mit Fassung und ihr Wappen mit Stolz: »In schwarzem Schild ein fünfspeichiges silbernes Wagenrad. Auf dem Helm mit schwarz-silbernen Decken ein sitzender silberner Wolf mit einem silbernen Lamm im Rachen«. Schließlich hat sie nicht nur den anno 1562 mit 82 Jahren verstorbenen und seither im Berlichin-gischen Erbbegräbnis im Schöntaler Kreuzgang laut Grabmal »auf eine fröhliche Auferstehung« wartenden Heldenahnen vor-zuweisen, sondern zahlreiche andere bedeutende Köpfe, unter ihnen württembergische Räte in der Renaissance, österreichische Feldmarschälle im Barock und badische Politiker im Bismarck-schen Kaiserreich, wie etwa den Grafen Friedrich Wolfgang Götz von Berlichingen, den Verfasser der »Geschichte des Ritters Götz von Berlichingen mit der eisernen Hand und seiner Familie« (Leipzig 1861).

In jüngster Zeit hat die Familie Berlichingen die Aufmerksamkeit nicht nur der Regenbogenpresse auf sich gezogen, als der verwit-wete, vormalige siebte Präsident der Bundesrepublik Deutsch-land, der aus Landshut in Bayern gebürtige und trotzdem evan-gelische Roman Herzog die gleichfalls verwitwete Alexandra Freifrau von Berlichingen, geborene von Vultejus, gebürtig aus Ludwigslust in Mecklenburg, zum Traualtar führte. Die Ehepaare

hatten sich zu einer Zeit kennen gelernt, als der Herr mit dem bür-
gerlich-hocharistokratischen Nachnamen als Stuttgarter Kultus-
minister die berühmten Götz-Festspiele im Schloß Jagsthausen
besuchte. Es gilt als sicher, dass der Herr Alt-Bundespräsident seither vielfach Götz von Berlichingen zitiert: »Wen Gott lieb hat,
dem geb er so eine Frau!«

Brillanter Prediger

Abraham a Santa Clara (1644–1709)

In diesen Tagen, da sich zahllose Absolventen der Internationalen Rhetorikerschule Heinrich Lübke Nachf. (Inh.: E. Stoiber) europaweit an die Mikrophone drängen, ist es eine besondere Freude, hier unseren Landsmann Johann Ulrich Megerle vorstellen zu können, der es trotz seines Geburtsfehlers und einer sprachlichen Behinderung (nämlich Schwabe wie mir) zum kaiserlichen Hofprediger bei den doch so eloquenten Österreichern in Wien gebracht hat.

Als achtes Kind des leibeigenen, aber trotzdem wohlhabenden Traubenwirts Matthäus Megerle ist er am 2. Juli 1644 in Krähenheimstetten in der schwäbischen Landgrafschaft Fürstenberg (jetzt: Leibertingen-Kreenheinstetten) in der Dachstube der heute noch betriebenen Gastwirtschaft zur Welt gekommen und schon als junges Bürschle mit seiner Gscheitheit dem Dorfpfarrer Balthasar Bücheler aufgefallen und durfte deshalb die Lateinschule in Meßkirch besuchen. Und als sein Vater anno 56 gestorben war, da hat ihn sein Onkel, der vom Kaiser geadelte Komponist und Konstanzer, Innsbrucker und Salzburger Domkapellmeister Abraham von Megerle (1607–1680) auf das berühmte Jesuitengymnasium in Ingolstadt geschickt und danach zu den gelehrten Benediktinern nach Salzburg. Anno 1662 aber ist er als Novize in das Kloster Mariabrunn bei Wien eingetreten in den Orden der »Augustiner-Barfüßer« (eine Abspaltung der »Augustiner-Eremiten« – denen sich 157 Jahre vorher ja der Martin Luther in Erfurt angeschlossen hatte).

Und da hat er sich dann ganz vornehm in »Abraham a Sancta Clara« umgetauft und seinen wunderschönen schwäbischen Namen, mit dem er es sicherlich in seiner Branche nicht so weit gebracht hätte, abgelegt, und er durfte dann noch eine Weile in Wien, Prag und Ferrara Theologie und Philosophie studieren.

Anno 1666 wurde er in Wien zum Priester geweiht und als Pfarrer in das (1802 von den Bayern säkularisierte und sogleich abgebrochene) Kloster Taxa bei Odelzhausen an der Autobahn A 8 geschickt. Und er hat in dem bedeutenden Wallfahrtsort so viele Leute begeistert, dass sie ihn anno 1669 »wegen seiner Vortrefflichkeit« wieder in die »Reichshauptstadt« Wien zurückgeholt haben. Und auch dort hat er so eindrucksvoll, brillant und perfekt gepredigt und die Kirchen und Plätze gefüllt und dieser »weanerische Bagasch« den Spiegel vorgehalten wegen ihrer Fresserei und Sauferei und Hurerei und Habgier und ihrer sonstigen Sittenlosigkeit. Und einmal hat er behauptet, die Wiener Weibsbilder seien derart verkommen, dass er alle Jungfrauen der Stadt bequem in einem Schubkarren spazieren fahren könne. Da haben sie aber schwer protestiert, der hergelaufene Schwab soll doch seine Goschen halten und diesen Vorwurf öffentlich zurücknehmen. Am nächsten Sonntag steigt er tapfer auf die Kanzel: »Widerrufe kann i net. Aber i hau ja et gsait, wie oft i fahre müesst ...«

Und trotz (oder wegen?) seines frechen Mundwerks ernennt ihn der Kaiser Leopold I. anno 1677 zu seinem Hofprediger. Und auch bei der habsburgischen Hautevolee hat er kein Blatt vor's Maul genommen. Und wie dann anno 79 der »Schwarze Tod« elf Monate lang über die Stadt herfällt, da ist er der »beliebteste und erfolgreichste Tröster und Helfer« während der »schröckhlichen Pestilentz.« Und anno 1683, als die militanten Muselmannen vor Wien stehen und das ganze Abend- und Vaterland bedrohen, da hat er mit »Wort und Tat« den Leuten Mut gemacht, dass sie durchhalten, bis dann gottlob der polnische König Johann Sobieski mit seinen Truppen kam und die Eindringlinge in der Schlacht am Kahlenberg besiegt und davongejagt werden konnten. Und seine »Türkenpredigt 1683. Auff, auff, Ihr Christen! Das ist: Ein bewegliche Anfrischung der christlichen Waffen wider den Türckischen Bluet-Egel« hat sich sein Stammesbruder Friedrich Schiller als Vorbild genommen für seine »Kapuzinerpredigt« in »Wallensteins Lager« und seinen Landsmann Megerle neidlos »ein prächtiges Original, vor dem man Respekt bekommen muß« bezeichnet. Und beispielsweise auch der Goethe, der Eichendorff, der Heidegger, der Thaddäus Troll haben den wortgewaltigen Wirtsbuben sehr verehrt, ihn sogar als »brillantesten Rhetoriker schwäbischer Zunge« gerühmt.

Und auch 300 Jahre nach seinem Tod am 1. Dezember 1709 im Wiener Augustinerkloster gilt unser erfolgreicher Landsmann und Bestsellerautor immer noch etwas bei den gescheiten Leuten: etwa »als bedeutendster katholischer Prediger der Barockzeit« und »als neben Luther zweiter Schöpfer der hochdeutschen Sprache.« In seinem Geburtsdorf hat er (auch dank des Studenten Martin Heidegger) anno 1910 ein schönes Denkmal gekriegt von der WMF und obendrein ein kleines (aber empfehlenswertes) Museum. Und in Wien kann man an seinem Grab in der Augustinerkirche und an seinem großen Denkmal von 1928 am Opernring immer wieder Verehrer dieses gottesglatten geistlichen Genies aus dem Schwabenland treffen. Aber die Intelligenzbolzen der deutschen und auch der österreichischen Post haben auch jetzt wieder keine Briefmarke für ihn übrig gehabt. Dabei sind seine Schriften, Sprüchle und Versle immer noch supertophochaktuell. Bloß ein Beispiel von Tausenden: »Beim Bauen muß man schauen, / um sich nicht zu verhauen, / sonst kommt man in des Elends Klauen.«

»Schwäbischer Salomo«

Johann Friedrich Flattich (1713–1797)

Der Johann Friedrich Flattich ist am 3. Oktober 1713 in Beihingen am Neckar auf die Welt gekommen, sein Vater Johann Wilhelm Flattich (1678–1729) hatte sich vom Mesner, Organisten und Schulmeister über den Gerichtsschreiber bis zum Amtmann der Ortsherrschaft, der Freiherrn Schertlin von Burtenbach, heraufgeschafft, und seine Mutter Maria Veronika (1680–1756) war die Tochter des Stiftsverwalters Johann Melchior von Kapff im vormals altbadischen Städtchen Backnang, also edelste Ehrbarkeit Altwirtembergs.

Und ist ein außergewöhnlich schönes und kluges Bürschle gewesen und durfte natürlich auf die Lateinschule. Und schon mit zwölf Jahren musste er in aller Herrgottsfrühe mutterseelenallein die anderthalb Stunden nach Ludwigsburg laufen, ob Regen, Eis oder Sonnenschein, und abends den ganzen Weg wieder heim. Und als er fünfzehn war, ist ihm der Vater weggestorben und hat der Familie keine Ersparnisse hinterlassen, aber glücklicherweise hatte er seinem Sohn soviel Gescheitheit vererbt, dass er das berühmte Landexamen bestanden hat und darum umsonst die Klosterschule in Denkendorf besuchen durfte. Und da ist der »achtungswürdigste, vortrefflichste, hochgeehrteste und hochgelehrteste Herr Johann Albrecht Bengel«, der »Schwabenvater« sein Lehrer gewesen. Und bei diesem, »seinem bis ins Grab hochzuverehrenden Gönner«, wäre er am liebsten lebenslang geblieben als »dessen gehorsamster Schüler«. Aber nach zwei Jahren hat er,

wie üblich, für noch mal zwei Jahre auf die Maulbronner Klosterschule wechseln müssen.

Und dann ist er nach Tübingen aufs Stift gekommen und hat
Theologie, Philosophie und Mathematik studiert. Und statt Voll-
saufen oder Stocherkahnfahren oder mit Menschle rumpoussie-
ren, hat er in seiner Freizeit Nachhilfe gegeben, den Reichen für
Geld, den Armen für umsonst.

Wiederum zwei Jahre später hat er schon den Magister gemacht,
nach weiteren zwei Jahren das Staatsexamen, der Herr Kurzzeit-
student. Hätte aber gar nicht so pressieren brauchen, weil er jetzt
ja doch keine Stelle gekriegt hat. Deswegen hat er solang bei seinem Onkel Kapff in Hoheneck »zum Vergnügen der Gemeinde«
als Vikar geschafft.

Mit neunundzwanzig erhält er endlich sein erstes Amt, Gar-
nisonsprediger auf dem Asperg. Und jetzt hat er auch ein Weib
verhalten können und heiraten, anno 1742 seine Christina Mar-
garetha Groß, eine Pfarrerstochter aus Murr an der Murr, acht
Jahre jünger und ohne Vermögen und Mitgift. Er hätte mit seinem
guten Aussehen, seinem witzigen Wesen und seiner freundlichen
Art ja gewiss auch eine Reiche haben können, aber »wenn ich
mich behelfen und mit einer Wassersuppe vorlieb nehmen will,
geht es niemand etwas an.« Und sie hatten sich so sehr lieb und
vierzehn Kinder miteinander, von denen sind aber nur zwei
Buben und vier Mädchen groß geworden, und seine Beata Regina
hat später den Witwer Philipp Matthäus Hahn in Kornwestheim,
dieses schwäbische Genie geheiratet.

Nach drei Jahren auf dem Asperg ist er versetzt worden in das
armselige und verlotterte Dorf Metterzimmern, wo die Leut zu
faul zum Schaffen gewesen sind und lieber ihre Kinder zum Bet-
teln geschickt haben. Und mit Rat und Tat und mit seinem guten
Beispiel hat er den Flecken in Schuss gebracht, und die haben ihm
das bis auf den heutigen Tag noch nicht vergessen. Eines schönen
(Sonn-)Tages kommt der Landesvater, der Herzog Carl Eugen, auf
der Jagd durch das Nest, geht inkognito in die Kirch und hört den

Flattich predigen und ist ganz hingerissen und verspricht: »Hör Er, der erste gute Dienst, der aufgeht, ist Sein.«

Und tatsächlich hat er bald darauf anno 1760 die reiche Pfarrei Münchingen im reichen Strohgäu bekommen und ist dort noch siebenunddreißig Jahre bis zu seinem Tod ein Segen gewesen. Und dort hat er nun noch mehr Gutes tun können an den Armen, er selber ist ja ganz bescheiden, einfach und sparsam gewesen und ist fast wie ein Bettler dahergekommen mit abgeschabten Kleidern und ausgedappten Schuhen. Denn seine guten Schuhe und Kleider hat er ja immer verschenkt.

Und weil er so ein guter Redner und ein schlagfertiger, witziger und gescheiter Kerle gewesen ist, hat ihn der Carl Eugen oft auf die Solitude eingeladen, und wenn er dahergekommen ist wie ein Handwerksbursch, und der »Carlherzich« geschimpft hat, weil er seine Perücke nicht gepudert hatte, hat der Flattich halt gemeint: »Durchlaucht, I brauch mei Mehl für d'Knöpfle« (Spätzle).

Nein, der Flattich ist kein so ein Fürstenschleimer gewesen und hat vor den hohen Herren nicht gebuckelt., der hat sein Maul aufgemacht und dem Herzog frisch seine Meinung gesagt. Andere wären für seine Sprüche auf den Asperg gekommen, er aber ist ja früher schon mal drauf gewesen, auf »Württembergs höchstem Berg«: in zehn Minuten oben, in zehn Jahren wieder unten.

Von den vielen Dutzend schöner Anekdoten über ihn, hier bloß eine: So ein eingebildeter Schnellschwätzer und Wichtigtuer vom großen Vaterland, ein Herr von Osten, hat sich über die Bibel lustig gemacht und den Pfarrer spöttisch gefragt, wie denn der Noah überhaupt alle die vielen Viecher in seine Arche reingekriegt habe. Ganz einfach, sagt der pfiffige und fromme Flattich, als die Arche fertig gezimmert war, hat sich der Noah auf das Dach gestellt und nacheinander in die vier Himmelsrichtungen gerufen: »Komm her, du Löwe von Süden, du Bär von Norden, du Schaf von Westen, und komm her, du Esel von Osten!«

Wenn es doch nur mehr solche philosophischen, pädagogischen, psychologischen Genies gäbe, gerade heutzutage. Man hätte dieses Original unbedingt tausendfach klonen sollen. Aber zu spät, dieser »gottfröhliche, leutselige Menschenfreund, der Johann Friedrich Flattich hieß«, »ein begnadeter Seelsorger und genialer Erzieher«, »der schwäbische Salomo« (alles Buchtitel) hat sich am 1. Juni 1797 »zu Münchingen im Strohgäu aus dieser Welt verabschiedet, um zu schauen, was er geglaubt.«

Geistlicher Bänkelsänger

Ritter Michael von Jung (1781–1858)

Im damals nur noch eine Weile vorderösterreichischen Oberland, in Saulgau, ist der Michael Jung an Michaelis, am 29. September 1781 auf die Welt gekommen und hat dort in der Werkstatt seines Vaters das ehrsame Schneiderhandwerk erlernt. Weil aber »seiner Gesundheit das Sitzen nicht gut tat«, geht er mit fünfzehn auf die Lateinschule in Überlingen, mit zwanzig auf die Universität Salzburg, besteht an der Universität Freiburg sein Examen und wird nach seiner Zeit auf dem Priesterseminar in Meersburg mit fünfundzwanzig zum Priester geweiht und Vikar in Erolzheim.

Anno 1812 erhält er dann die Pfarrstelle im Nachbardorf Kirchdorf an der Iller (jetzt Liebherrville). Und dort hat er sich bei einer Typhusepidemie so tapfer und vorbildlich verhalten, dass ihn der dicke König Friedrich, sein neuer Landesherr, anno 1814 zum »Ritter des Königl. Württemberg. Civilverdienst Ordens« geschlagen hat, und er sich fortan ganz vornehm »Ritter Michael von Jung« schreiben darf. Und voller Stolz, so wird berichtet, habe er den Orden werktags wie sonntags auf seinem selbst geschneiderten Pfarrersrock getragen, und er habe nach dem Gottesdienst immer auf der Orgel einen Marsch spielen lassen und dabei, »durch die Kirche marschierend, im Takt links und rechts das Weihwasser ausgeteilt.«
»Unser Ritter war eine originell angelegte Persönlichkeit, stets heiter und voller Witz, freisinnig und wohlwollend gegen jedermann, beliebt bei Jung und Alt, ein ächter Typus eines braven ›alten Herrn‹ aus guter alter Zeit.«

Berühmt geworden ist er aber hauptsächlich, weil er, anstatt langweilige Leichenpredigten zu halten, lieber lange Grablieder auf Volksliedmelodien gedichtet und diese wie ein Bänkelsänger mit seiner Gitarre bei der Beerdigung vorgetragen hat. Das kam natürlich bei den Leuten gut an, aber halt nicht bei der geistlichen Obrigkeit in Rottenburg.

Und als er anno 1837 seine gesammelten Werke veröffentlichen will und um die Druckerlaubnis nachfragt, erhält er vom Bischöflichen Ordinariat den Bescheid: »Wir haben mit Bedauern gefunden, daß die Lieder im Ganzen nicht eben viel religiösen und moralischen Gehalt und noch viel weniger poetischen Werth haben, zudem viel Unpassendes und auch einzelne Verstöße gegen die reine Lehre enthalten und insbesondere die Darstellung häufig unwürdig ist und zuweilen ins Triviale fällt« und dass er die Sängerei am Grabe »in Zukunft zu unterlassen habe.«

Gottlob hat er als »ein der Aufklärung verpflichteter Theologe« seine Lieder trotzdem und grad mit Fleiß anno 1839 im Selbstverlag herausgebracht: »Melpomene oder Grablieder. Zwei Baendchen, jedes hundert Grablieder enthaltend, mit zwanzig Melodien.« Und jetzt kann sie jeder nachlesen, die gottesglatten Verse: »Bei dem Grabe eines: Mannes, der in Betrunkenheit erfror« oder »Mädchens, das sich zutod tanzte« oder »Mannes, der mit einem Regenschirm erstochen wurde« oder » Kindes, das in einen siedenden Kessel fiel« oder« Schullehrers und seiner Frau, die als Giftmischer enthauptet wurden« oder »Mannes, der von einem Kirchturm herab zutod fiel« oder einer »vortrefflichen Sängerin, die an der Kolera starb« undgradsoweiter.

Und ganz gscheite Leut haben diese urkomischen geistlichen Gesänge noch hundert und mehr Jahre danach nochmals herausgegeben. So unter anderem der (seinerzeit mit Schreibverbot belegte) Sebastian Blau alias Prof. Dr. Josef Eberle anno 1939 in Zürich und 1953 nochmals in Tübingen bei Rainer Wunderlich: »Fröhliche Himmelfahrt oder die höchst merkwürdigen Grablieder des Ritters Michael von Jung weiland Pfarrer zu Kirchdorf in

Schwaben« oder der berühmte evangelische Theologieprofessor Helmut Thielicke: »Fröhliche Grablieder zur Laute« im katholischen Herderverlag 1976 in Freiburg. Und vor genau fünfzig Jahren hat der junge Oliver Storz seinen Gedenkartikel zum 100. Todestag überschrieben: »Der Don Quichotte in der Soutane«. Und wer kennt nicht den wunderschönen Fernsehschwank vom Alfred Weitnauer »Sing nicht Vogel!« – der wurde mit dem Dieter Borsche als Domkapitular gedreht und mit dem Willy Reichert in der Hauptrolle zu dessen 70. Geburtstag.

Anno 1849 wurde der »geistliche Bänkelsänger und himmlische Komiker« nach Tettnang strafversetzt auf »einen seinem gebrechlichen Alter angemessenen Posten« als Kaplan. Und dort ist er dann »an St. Jakobs Abend«, am 24. Juli 1858 gestorben. Und sein Grab auf dem Tettnanger Kirchhof haben sie nach dem Ersten Weltkrieg einfach abgeräumt. Wenn sich aber ein/e Stifter/in findet, bekommt er sofort wieder einen schönen Grabstein.

Seine Bilder sind eine Augenweide

Karl Hurm (*1930)

In Thaddäus Trolls Ferienhaus in Hinterrohrbach, wo der »schwäbische Tucholsky« unter anderem seinen Klassiker »Deutschland deine Schwaben« geschrieben hat, hingen nur zwei Künstler an der Wand, der HAP Grieshaber mit seinen Holzschnitten und der Karl Hurm mit seinen Ölbildern. Und diesen Karl Hurm hat er den »schwäbischen Rousseau« genannt, und der ist anno 1930 im damals noch preußischen Hohenzollern, in Weildorf bei Haigerloch, auf die Welt gekommen, und dort wohnt der originelle Hauptkerle bis heute und ist doch mit seiner Kunst weit auf dieser Welt herumgekommen.

Sein Vater hat auch Karl geheißen und hat mit Obst und Gemüse und auch mit Vieh gehandelt, und seine Mutter, die Sophie Gaus, ist das Kronenwirtstöchterle von Empfingen gewesen. Und von ihren acht Kindern ist der Karle das siebte gewesen. Und schon als junger Bub fing er an zu malen, und für das Porträt eines Soldaten hat er als Honorar ein paar Bratwürste gekriegt. Mit sechzehn hat er dann eine Malerlehre angefangen, ist aber schließlich doch kein Lackierer und Anstreicher geworden, sondern hat mit neunzehn das Geschäft des Vaters übernommen.

Und ist jetzt zwanzig Jahre lang fast jeden Morgen in aller Herrgottsfrühe mit seinem Lastwagen auf den alten schmalen Postkutschensträßchen durch all die Dörfer hindurch nach Stuttgart auf den Großmarkt gefahren, und wenn es die Zeit erlaubte, hat er immer wieder in die Staatsgalerie hineingeschaut und Führungen mitgemacht, und hat sich auch viele Kunstbücher gekauft, und seine Lieblingsmaler sind der Gauguin, der Klee, der Chagall und hauptsächlich der Picasso geworden.

Und mit fünfundzwanzig hat er geheiratet, seine Anni Huber, ein Weildorfer Bauernmädle, das Industriekauffrau gelernt hatte, und sie haben drei Töchter mitnander und einen Buben, und aus dem ist sogar ein leibhaftiger Professor geworden. Und das viele Gschäft Tag und Nacht hat ihn aufgerieben und hat ihm auf das Herz geschlagen, und der Doktor hat gemeint, wenn er so weitermacht, dann macht er's nicht mehr lang. Und anno 70 hat er sein Geschäft seiner Gesundheit zuliebe aufgegeben und ist daheim geblieben und – seinerzeit noch ganz avantgardistisch – Hausmann geworden. Und wenn der Haushalt und die Kinder versorgt gewesen sind, hat er sich an seine Staffelei gesetzt und in jeder freien Minute gemalt.

Und hat dann an so Amateurmalerwettbewerben im Ländle teilgenommen, und im Feuerwehrhaus in Ebingen hat er das erste Mal seine Sachen zeigen dürfen. Und wie dann die schwäbische Weltfirma Eisenmann in Böblingen ihre Ausstellungen für »Sonntagsmaler« veranstaltet, hat der Karl Hurm unter über tausend Teilnehmern anno 72 den ersten Preis bekommen. Und das haben dann die Zeitungen, die Kunstkritiker, die Galeristen mitgekriegt, und er wird über Nacht ein bißle berühmt, und darf mit der Zeit in der ganzen halben Welt in mittlerweile über 200 Ausstellungen seine schönen Bilder präsentieren. Wie ein Stein, den man ins Wasser schmeißt: Erst in Haigerloch, dann in Württemberg (selbst in der Staatsgalerie und im Landesmuseum), in der Schweiz, in Österreich, in Holland, in Frankreich, in England, in Italien, auf Zypern, in Polen, in Russland, in Japan, in der Dominikanischen Republik und in den USA (unter anderem im Museum of Contemporary Art in Chicago).

Und in Haigerloch in seinem hohenzollerischen Vaterland kriegt er anno 1998 sogar ein eigenes Museum in der alten Ölmühle neben dem Werner Heisenberg und Carl Friedrich von Weizsäcker ihrem Atomkeller. Und seine Bilder sind so farbenfroh und skurril, so gottesglatt und originell, so poetisch und tiefsinnig, so phantasievoll und präzise, dass die Kunstkritiker voll des Lobes sind über seinen »poetisch-erzählenden Realismus«.

Die einen vergleichen ihn mit seinem Landsmann Reinhold Nägele, andere heißen ihn den »schwäbischen Rousseau«, viele sagen, er sei »ein malendes Genie«. Und wie der Thaddäus Troll kurz vor seinem Tod noch eine Ausstellung in Bald Waldsee eröffnet, da sieht er den Karl Hurm als »liebs Herrgöttle von Haigerloch am dritten Schöpfungstage« und er meint: »Seine Bilder bestehen aus Spaziergängen für den Blick. Sie sind im ursprünglichen naiven Sinn des Wortes eine Augenweide.«

Und trotz allem Lobpreis und Erfolg ist der durch und durch sympathische Künstler ganz schwäbisch bescheiden geblieben, ein »Stiller im Lande«, und er sieht mit seinem knitzen Gesicht aus wie so ein Prophet aus dem Alten Testament, und mit etwas Glück kann man ihn sogar höchstpersönlich in seinem Museum antreffen. Und wenn sie im Werbefernsehen wieder einmal Reklame machen für das Bundesland Baden-Württemberg, dann sollen sie doch den Karl Hurm zeigen in seinem Haus, das vom Keller bis unters Dach voll hängt mit seinen zauberhaften Ölgemälden, so dass man kaum noch die Tapete sieht.

Zu welcher Weltberühmtheit hätte es dieser »meisterhafte Autodidakt«, der »König der naiven Malerei in Deutschland« wohl gebracht, wenn er nicht in der schwäbischen Provinz, sondern in Paris, London oder New York leben würde! Immerhin, einen Ehrenplatz in der württembergischen Walhalla, wahrlich den hat er sich schon zu Lebzeiten verdient. Unter dem Buchstaben H direkt neben Hahn, Hegel, Hesse, Heuss und Hölderlin.

Ein gescheiter(ter) schwäbischer Dichter

Michael Spohn (1942–1985)

Der unvergessene Thaddäus Troll (1914–1980), der aus lauter Verzweiflung über die Verfassung seines baden-württembergischen Vaterländchens freiwillig aus dem Leben geschieden ist, hat in seinem auch heute noch unübertroffenen Standardwerk »Deutschland deine Schwaben – im neuen Anzügle« (1978) in seinem Kapitel über die schwäbischen Dichter handschriftlich die Randnotiz nachgefügt:

»Hier darf Michael Spohn nicht vergessen werden!«

Und dennoch ist er vergessen. Man sucht ihn (bis auf den heutigen Tag) sogar im Internet bei Wikipedia vergebens.

Wer war Michael Spohn?

Er wurde – wie ein als Rechtsanwalt in München tätiger Jugendfreund berichtet – am 26. Juni 1942 in Stuttgart geboren als »lediges Kind einer kettenrauchenden Klavierspielerin« und hat an der Seite eines »amusischen und kulturell völlig desinteressierten Handelsvertreters als Stiefvater« seine Kindheits- und frühen Jugendjahre im Oberland, in der Welfenstadt Weingarten verbracht. Dann ist er als Zehnjähriger nach Reutlingen gekommen und hat am Fuß von HAP Grieshabers Achalm das Friedrich-List-Gymnasium besucht Der ehemalige Jagdflieger, Schriftsteller und Kunsterzieher Gerd Gaiser (1908–1976) wurde dort sein Lehrer und zum Entdecker der Spohnschen Doppelbegabung als Zeichner und als Schreiber.

Bei einer gemeinsamen Theateraufführung mit dem Johannes-Kepler-Gymnasium lernt er den ostpreußischen Flüchtlingsbuben »Ferry« kennen, dessen Vater Ferdinand Magnus Freiherr von Liliencron im Mai 1941 vier Monate vor der Geburt seines Stammhalters im Flugzeug über Kreta abgeschossen worden war. Im Hause Liliencron ist er nun mit all seinen Sorgen wie ein eigener Sohn aufgenommen worden, und die beiden »vaterlosen Gesellen« waren als Duo »Lilienspohn« im ganzen Echaztal ein Begriff. Für einen bei einem gemeinsamen Mopedunfall geholten Schmiss im Gesicht war Spohn zeitlebens dankbar, hielt man ihn doch deshalb für einen kampferprobten Korporationsstudenten. Er hatte aber keine Freude an der Mathematik und keinerlei Lust zu Abitur und Studium, und der darob betrübte Gerd Gaiser hat dem hochbegabten Schulabbrecher die Stelle eines Volontärs beim »Reutlinger General-Anzeiger« verschafft.

Sein journalistischer Werdegang führt ihn dann unter anderem zum »Schwarzwälder Boten« nach Oberndorf und 1968 schließlich als Lokalredakteur zu den »Nachrichten« in die Landeshauptstadt. Hier nimmt der Urschwabe, allem Anschein nach einer Anregung seines Lehrmeisters Thaddäus Troll folgend (»Seit der Niederlage von 1866 können wir die Preußen nicht mehr totschießen, jetzt müssen wir sie aufheiraten!«) eine Modedesignerin aus dem großen Vaterland zur Frau, und ist ewig traurig, dass seine nach der Scheidung bei der Mutter verbliebene »Tochter Kathrin, hälftig Schwäbin, doch nur des Hochdeutschen mächtig« ist.

Im Gefolge der von Troll eingeleiteten Renaissance der Dialektdichtung entstehen jetzt die von einer großen Leserschar wie von der Kollegenschaft und der Kritik gleichermaßen geschätzten Spohnschen Kabinettstücke: »Schwäbische Comics« (1977), sein schwäbischer Gedichtband »… wenn s leidet mach e nemme auf!« (1978), die »Stuttgarter Comics« (1980), ein schwäbischer »Max ond Moritz« (1981). Und er wird für sein herausragendes literarisches Schaffen 1983 mit dem »Thaddäus-Troll-Preis« ausgezeichnet. Anno 1984 erscheinen Gedichte und Geschichten unter dem Titel »Onderwägs« und im folgenden Jahr im Verlag seines

Freundes und Kollegen Peter Schlack posthum sein Abschieds-
buch mit dem doch wieder so optimistischen Titel

»Wenn s schällt – s isch offa« – allesamt leider nur noch im An-
tiquariat erhältlich …

Anno 1980 hatte er Stuttgart in Richtung Bodensee verlassen.
»Kaum einer hat es so schmerzlich am eigenen Körper erfahren
müssen, daß mittlerweile künstlerische Begabung, kritisches Be-
wußtsein und politisches Engagement eine Zeitungskarriere verhindern« schrieb sein Freund und Kollege Dr. Karlheinz Fuchs
in seinem Nachruf: »Er war so reichlich begabt, daß man um
ihn fürchten mußte, denn da lauerten immer auch viele Nei-
der und Getroffene.« Seine letzten Lebensjahre verbrachte er als
(vogel-)freier Schriftsteller und dialektischer Kabarettist in Konstanz. Er hatte gerade eine durch seinen etwas übertriebenen
Drang zu Trollinger und Tabak hervorgerufene schwere Krankheit
überstanden und las im vollbesetzten Saal des Wilhelmspalais voller Zuversicht zur ungeteilten Freude des Publikums aus einem im
Entstehen begriffenen Erstlingsroman, der dann aber in der Presse hochnäsig als »provinziell« verrissen wurde. Von der jungen
Kritikerin hat man nie wieder etwas gelesen. Von Michael Spohn
aber hat man gelesen, dass er seinem Leben ein Ende gesetzt hat
am 15. Juli 1985 in Konstanz. Sein Grab kann man noch in Reutlingen auf dem Betzinger Friedhof mit Blumen schmücken. Er
selbst hatte sich ja gewünscht:

»Wenne schderb
nô grabet me
en Anhausa ae
Beim Vitus Frey
em Garda
dô heert ma d Lauder«.

Der schwäbische Papst

Leo IX. (1002–1054)

In diesen Tagen des Jubels über die anno 1952 erfolgte Teilwiedervereinigung unseres Herzogtums Schwaben ist leider immer noch und immer wieder in Presse, Funk und Fernsehen der anscheinend unausrottbare Schafscheiß, gelinder gesagt, idiotische Schwachsinn von den beiden Volksstämmen, »den Badenern und den Schwaben«, zu lesen und zu hören. Darum nochmals kostenlose Nachhilfe an alle ahnungslosen Doofschreiber und Doofschwätzer:

Baden und Württemberg sind zwei schwäbische Familiennamen wie Häberle und Pfleiderer. Und diese zwei hochfürstlichen schwäbischen Familien haben sich nach dem Untergang der Hohenstaufen und des Herzogtums Schwaben ihre jeweiligen, jetzt ihren Namen tragenden Ländle im Lauf von Jahrhunderten auf dem Stammesgebiet der Schwaben (=Alemannen) und der Franken allmählich vergrößert. Und der Napoleon hat ihnen den noch fehlenden Rest aus dem Fleckenteppich des Heiligen Römischen Reiches samt Königskrone, respektive Großherzogshut dazu geschenkt. Mit Ausnahme von Hohenzollern. Diese schwäbische Familie durfte dank Napoleons Gemahlin Joséphine ihr Ländle behalten, hat es aber nach der Achtundvierziger Revolution an die zollerischen Vettern in Berlin abgegeben. Und obwohl die Hechinger und Sigmaringer dann fast hundert Jahre politisch zu Preußen gehörten, sind die doch Schwaben geblieben und keine Pruzzen geworden …

Das Schwabenland erstreckt sich vom Asperg und der Hornisgrinde bis zum St. Gotthard und Matterhorn, und vom Vogesenkamm bis zum Lechufer. Und da wohnen heute halt die badischen Schwaben, die bayrischen Schwaben, die elsässisch-französischen Schwaben, die liechtensteinischen Schwaben, die schweizerischen Schwaben, die vorarlbergisch-österreichischen Schwaben und die württembergischen Schwaben. So einfach ist das.

Und der am 21. Juni 1002 als Sohn des Grafen Hugo IV. von Egisheim und seiner Gemahlin Gräfin Heilwig von Dagsburg im südelsässischen Egisheim zur Welt gekommene Graf Bruno von Egisheim, nachmals Papst Leo IX., ist folglich ein waschechter Schwabe.

Seinen atemberaubenden Aufstieg (mit 24 Bischof von Toul, mit 46 Bischof von Rom) hat er sicherlich nicht nur der Verwandtschaft mit seinem Vetter Kaiser Heinrich III. (»dem Waiblinger«) zu verdanken. Alle Quellen rühmen nämlich seine hohe (zweifellos landsmannschaftlich bedingte) Intelligenz, seine »gründliche wissenschaftliche Bildung«, seinen »musikalischen Sinn«, seine »Geschicklichkeit im Componiren«.»Von lebhaftem Geiste, gewinnender Redegabe und schönem Körper fesselte er seine Umgebung und die ihm Entgegentretenden.« Auffallend auch seine spezifisch schwäbischen Tugenden: seine Bescheidenheit, seine soziale Ader, seine Neigung zum Ausgleich und Friedensstiften. Seine Bereitschaft zu Reformen, sein Kampf gegen Liedrigkeit und Luderleben in Kirche und Gesellschaft. Und »seine Frömmigkeit war eine aufrichtige und kindliche.«

Der rechte Mann zur rechten Zeit am rechten Platz: »Zusammen mit dem Kaiser leitete er die Epoche des Reformpapsttums ein, löste das Papsttum aus der stadtrömischen Abhängigkeit und gab ihm seine Weltgeltung zurück.« Und ist ein richtig schwäbischer Schaffer: »Auf insgesamt zwölf Synoden in Rom, Pavia, Reims, Mainz, Salerno, Siponto (jetzt Manfredonia) und Mantua ging er gegen die Verweltlichung des Klerus vor.« Holt sich andere kluge Köpfe an die Kurie und macht sie zu Kardinälen (aber leider keine

Schwaben!), etwa den Herzog Friedrich von Lothringen (nachmals Papst Stephan IX.), den Mönch Humbertus aus dem Vogesenkloster Moyenmoutier (nachmals Kardinalbischof von Silva Candida und Erzbischof von Sizilien), dummerweise auch den Mönch Hildebrand (nachmals Canossa-Papst Gregor VII.). »Setzte damit die Entwicklung des Kardinalkollegiums zur beratenden Körperschaft für das päpstliche Kirchenregiment in Gang.«

Für Württemberg ganz wichtig: Auf einer Pastoralreise bittet er 1049 seinen Neffen, den Grafen Adalbert II. von Calw, das 830 gegründete, mittlerweile wieder verfallene Kloster Hirsau wiederaufzubauen und somit das »deutsche Cluny« im Nagoldtal zu schaffen. Pech allerdings hat er im Kampf gegen die süditalienischen Normannen, die Waffenhilfe Kaiser Heinrichs III. bleibt aus. (Hat dieser etwa geahnt, dass sein Ururenkel, Barbarossas Sohn Kaiser Heinrich VI., mit Konstanze, der Erbin des Normannenreiches, das ganze schöne Sach in Sizilien und Apulien eines schönen Tages einfach aufheiraten wird?) Leo erleidet am 18. Juni 1053 bei Civitate eine bittere Niederlage, wird gefangen genommen und kehrt als kranker Mann am 12. März 1054 nach Rom zurück, wo er bald darauf am 19. April stirbt.

So kriegt er wenigstens nicht mehr mit, wie seine Kardinäle Friedrich von Lothringen und Humbert von Silva Candida ihre diplomatische Mission in Byzanz verbocken und 1054 das bis heute bestehende Schisma zwischen West- und Ostkirche besiegeln. Höchste Zeit, dass ein zweiter schwäbischer Papst Orthodoxe und Katholiken wieder zusammenführt. Das kommende Konklave hätte zwei papable Landsleute zur Auswahl: Kardinal Karl Lehmann aus dem Sigmaringer Donautal und Kardinal Walther Kasper von der Heidenheimer Alb ra. Und auch unser schweizerischer Schwabe Hans Küng aus dem Tübinger Neckartal würde als noch zu berufender künftiger Kurienkardinal und Kompromisskandidat für den Fall einer aus Württembergs Effangelischer Landessynode bekannten unendlichen Wahlorgie sicher eine gute Figur abgeben.

Nachtrag:

Nunmehr wurde stattdessen ein bayrischer Gendarmensohn namens Joseph Ratzinger aus Marktl am Inn auf den Stuhl Petri erhoben. In Zeiten, da selbiger noch mit seinem Miele-Fahrrad aus Vorkriegsproduktion über Tübingens Pflastersteine holperte, während Kollege Küng bereits seine Buchhonorare in Form eines Alfa Romeo durch die Straßen Neckarathens lenkte, benutzte er zu seinen Fahrten aus der Universitäts- in die Landeshauptstadt den im Einstundentakt verkehrenden traditionsreichen Postomnibus. Er setzte sich gewöhnlich auf einen einsamen Sitzplatz, holte sofort einen Bleistift und ein Buch aus seiner abgeschabten Aktentasche heraus, versenkte sich, eifrig Anmerkungen einzeichnend, in selbiges und vergaß die mitfahrende Menschheit völlig bis zur Endhaltestelle.

Eines Tages, es war ein Sauwetter und der Bus war entsprechend gefüllt, musste er mich als Sitznachbarn dulden. »Entschuldigen Sie, ist dieser Platz noch frei?« »Aber selbschtverschtändlich, Herr Professer!« »O, Sie kennen mich?!« »Aber nadierlich, wer kennt Sie net, Herr Professer!« Damit war der ökumenische Dialog bereits beendet, und er konnte in gewohnter Weise eine Stunde lang ungestört sein Buch bekritzeln. Bis ich in Degerloch halt vor ihm aussteigen musste und dezent fragte: »Entschuldigung, dätet Sie mi bitte gschwend rauslasse?« »Aber gerne!« Und so bin ich einmal in meinem Leben über einen leibhaftigen Papst gestiegen.

Württemberger als Wegbereiter des Tierschutzes

Adam Gottlieb Weigen (1677–1727)

Wem angesichts der Fernsehfilme über die von unseren Steuergeldern subventionierte Massentierhaltung und von unserem mitleidlosen Einkaufsverhalten geduldete und unserer unschwäbischen Geiz-ist-geil-Mentalität und gnadenlosen gierigen Gefräßigkeit geförderte großindustrielle Fleischproduktion nicht das kalte Grausen und das Kotzen kommt, der braucht jetzt gar nicht mehr weiterlesen.

Alle anderen aber sollen wissen, dass es im Herzogtum Württemberg – der »intellektuellen Speerspitze des Heiligen Römischen Reichs Deutscher Nation« – und im schwäbischen Pietismus bereits vor langer Zeit kluge Köpfe wie den Pfarrer Magister Adam Gottlieb Weigen gab, die, wie einst der heilige Franz von Assisi, einen »humanen Umgang mit unseren Mitgeschöpfen« anmahnten. Der 1677 in Waiblingen an der Rems geborene Sohn eines Barbiers und Wundarztes hat damals im nachmals als Geburtshaus des Philosophen Friedrich Wilhelm Joseph Schelling (1775–1854) weltberühmt gewordenen Leonberger Pfarrhaus seine umfassende Abhandlung »De Jure Hominis in Creaturas Oder Schrifftmässige Erörterung Weß Rechts des Menschen Uber Die Creaturen …« verfasst und im Jahr 1711 bei August Metzler in Stuttgart, dem Gründer des unter dem Dach von Georg von Holtzbrinck gottlob immer noch blühenden Metzler-Verlags, erscheinen lassen.

Der 1727 als Pfarrer zu Walheim am Neckar verstorbene Gottes-, Menschen- und Tierfreund »Theophilus« Weigen aus den Pioniertagen des Pietismus hat diesen fast 900 Seiten dicken Wälzer geschrieben nach der Genesung von längerer, schwerer Krankheit und will darin den Leser zu »einem frommen Leben zur Ehre Gottes« anleiten und dadurch eine »Verbesserung im täglichen Umgang mit den Geschöpfen Gottes« erreichen. Er fordert einen »barmherzigen Umgang mit den Tieren«: »Endlich soll die Liebe Gottes einen Menschen auch zur Liebe gegenüber anderen Geschöpfen antreiben, damit sie nicht zu schwerem Seufzen gegen ihn bewegt werden.« Die Menschen – »nur Mit-Geschöpfe in Ansehung auch des allergeringsten Wurms« – sollen »auf die Seele des Tieres achten.« Diese »stehen die Schläge und den Tod nicht mit geringeren Schmerzen aus als wir selbst und leben so gern wie wir.« Er stellt weiter fest, dass Tieren gegenüber unbarmherzige Menschen »auch mitleidlos und hart zu ihren Mitmenschen zu sein« pflegen. Dem präkonziliaren Pietisten gefallen gar die katholischen Heiligen besser, die »einen jeden Wolf ihren Bruder und ein jedes Schaf oder Ameise ihre Schwester nannten als das tyrannische Verhalten derer, welche ihre Lust daran haben, wenn sie ihre Mit-Geschöpfe peinigen.« Und er vermutet, dass seine Gedanken »in den Ohren der Weltmenschen lächerlich klingen und sie daraus einen Spott machen möchten.« Aber Weigen weiß, »Gott hat zugesagt, die den Tieren erwiesene Barmherzigkeit mit reichem Segen zu vergelten, was er gewiss halten wird.«

Und auch wenn das wegweisende Buch bald vergessen war, so ist es doch auf fruchtbaren Boden gefallen. »Weigen erweist sich als Vordenker jener pietistischen Väter, die gut hundert Jahre später in Württemberg zu Urhebern des Stuttgarter (und damit ersten deutschen) Tierschutzvereins und des Tierschutzgesetzes geworden sind.«

Weiterer Wegbereiter des Tierschutzes

Christian Adam Dann (1758–1837)

Diese ahnungslosen Dummschwätzer, die immer so gerne über
den schwäbischen Pietismus herziehen, die sollten sich mal den
Christian Adam Dann angucken. Der ist am Heiligabend 1758 in
Tübingen zur Welt gekommen, dort ist sein Vater Jakob Heinrich
Dann (1720–1790) Bürgermeister gewesen und hat gegen den
jungen, den despotischen Herzog Carl Eugen gekämpft und wider
die Korruption im Ländle, und deswegen ist sein Porträt bis heute
mit Recht auf die Fassade des dortigen Rathauses aufgemalt. Und
der tapfere Schultes hat seit seiner Hochzeit anno 1742 mit seiner
Sophia Elisabeth, geborene Mögling, anandernach zwölf Kinder
gehabt. Und ihren Benjamin haben sie auf die Klosterschule nach
Blaubeuren geschickt, und danach hat der auf dem Stift studieren
dürfen und nach seinem Examen dort sieben Jahre lang als Repe-
tent schaffen. Und dann ist er von den Gogen weg und über
Göppingen anno 1794 nach Stuttgart gekommen und bei den
Wengertern im Bohnenviertel Pfarrhelfer an der Leonhardskirche
geworden und anno 1800 Pfarrer an der Hospitalkirche in der
»Reichen Vorstadt«.

Und er ist kein Leisetreter gewesen und hat seine Gosch aufgemacht, und wie er anno 1812 bei der Leich eines seinerzeit berühmten Hofschauspielers »auf ausdrücklichen Wunsch des Verstorbenen« gegen die verlotterte Gesellschaft in Stuttgart herge-
zogen ist – schließlich sind da grad fast 16 000 Württemberger für
den Napoleon in Russland verreckt – haben sie ihn (nach nach wie
vor beliebtem Brauch) beim dicken Friedrich, König von Napo-

leons Gnaden, »denuncirt.« Und dieser gekrönte Gwaltigel hat ihn mirnexdirnex strafversetzt weit weg von der Residenz nach Öschingen an der Alb. Und dort hat er so eindrucksvoll gepredigt, dass die Studenten scharenweise und sogar ihre Professoren aus Tübingen hergelaufen kamen und sich unter seine Kanzel setzten. Und dort in Öschingen ist ihm auch seine Frau, die Christiane Marie Luise, geborene Finner (1769–1817), am Typhus weggestorben, mit ihr hatte er anno 1798 in Stuttgart Hochzeit gehalten. Und mit ihr ist er so glücklich gewesen, dass er danach nicht mehr geheiratet hat. Und dort in Öschingen hat er auch die neue Kirche gebaut und ein Sechstel der Baukosten aus seinem Privatvermögen dazugestiftet.

Anno 1819 ist die Pfarrstelle im Nachbardorf Mössingen für ihn frei geworden. Und wie dann dort so ein schießwütiger Scheißkerle mit seinem Gewehr den Storch vom Kirchendach runterschießt, hat er die Schrift »Bitte der armen Thiere, der unvernünftigen Geschöpfe, an ihre vernünftigen Mitgeschöpfe und Herrn die Menschen« verfasst und anno 1822 in Tübingen drucken lassen und ist zum »Wegbereiter des modernen Tierschutzes in Deutschland« geworden. Und er meint:»Wen eines Thieres Quaal erfreut, / Der wird, das kann nicht fehlen, / Kalt und gefühllos mit der Zeit / Gewiß auch Menschen quälen. / Wer frech ein Mitgeschöpf betrübt, / Und Härte, Grausamkeit verübt, / Der kann Gott auch nicht lieben.« Und anno 1833 folgt die Schrift »Nothgedrungener Aufruf an alle Menschen von Nachdenken und Gefühl, zu gemeinschaftlicher Beherzigung und Linderung der unsäglichen Leiden der in unserer Umgebung lebenden Thiere.«

Da ist er aber schon Pfarrer an der (einst in katholischer Zeit dem Pferde- und Viehheiligen St. Leonhard geweihten) Leonhardskirche gewesen, denn der gute König Wilhelm I. und seine fromme Gemahlin, die Königin Pauline, haben ihn geschätzt und ihn anno 1824 nach Stuttgart zurückberufen. Und der brillante Prediger hat die Residenzler begeistert und hat »auf ganze Generationen einen nachhaltigen Einfluß geübt; es ist ihm, insbesondere vom weiblichen Theil seiner Gemeinde, eine Verehrung gewidmet und be-

wahrt worden, wie sie nur selten auch einem hervorragenden Mann im geistlichen Amte zu Theil wird.« Und er hat auch einen ganzen Haufen fromme Schriften für »die liebe Jugend« und seine »Confirmanden« verfasst. Und am 19. März 1837, ist er dann in Stuttgart gestorben und hat sein Grab auf dem Fangelsbachfriedhof gefunden. Und sein Freund, der Pfarrer und Dichter Albert Knapp (1798–1864), hat daraufhin noch im gleichen Jahr den ersten Tierschutzverein von Deutschland, nach London 1824 den zweitältesten der ganzen Welt, gegründet. Denn wie heißt es doch in den Sprüchen Salomonis 12,10: »Der Gerechte erbarmt sich seines Viehs, aber das Herz der Gottlosen ist unbarmherzig« und auch noch so schön im schwäbischen Pietismus »Wenn sich ein Bauer bekehrt, merkt es auch sein Vieh im Stall.«

»Bester Freund Bismarck«

Otto Fürst von Bismarck (1815–1898)
Hildegard Freifrau von Spitzemberg (1843–1914)

Der Name Bismarck ist derzeit nicht nur der gleichnamigen Heringe wegen, sondern auch durch dessen 100. Todestag in aller Munde. Da er es war, der die gegenwärtig noch andauernde preußische Oberherrschaft über die germanischen Südstaaten, insbesondere Württemberg, begründet hat, müssen wir seiner zwangsläufig gedenken.

Der am 1. April des Waterloo-Jahres 1815 zur Welt gekommene ostelbische, aber geniale Otto von B. führte seit seiner Berufung zum preußischen Ministerpräsidenten und Außenminister im Jahre 1862 sein mehr durch Kommissköpfe und Militaristen als durch Musensöhne bekannt gewordenes Vaterland auf nachfolgende Schlachtfelder: 1864 Deutsch-Dänischer Krieg (Düppeler Schanzen), 1866 Deutscher Krieg (Königshofen/Tauberbischofsheim/Königgrätz), 1870/71 Deutsch-Französischer Krieg (Sedan/Versailles), 1871–1887 Krieg mit den Ultramontanen (Kulturkampf), 1878–1890 Krieg mit den Sozialdemokraten (Sozialistengesetz).

Dankend erwähnt sei jedoch – gerade in diesen unseren Tagen – seine avantgardistische Erfindung des Krankenscheins und der Alters- und Invalidenrente, ein Segen in saecula saeculorum und sein ewiges Ruhmesblatt. Seine andere bedeutende politische Leistung, die Schaffung des (Zweiten) Deutschen Reiches, des Kaiserreiches der (einstmals aus Schwaben losgezogenen) Hohenzollern hielt hingegen bloß 47 Jahre, vom 18. Januar 1871 bis zum

9. November 1918. Zum Vergleich: Das von Karl dem Großen begründete, seit Barbarossa so genannte (Erste) Heilige Römische Reich Deutscher Nation hat immerhin 1005 Jahre gehebt, vom Christtag 800 bis zum 6. August 1806. Das von einem »böhmischen Gefreiten« herauf- und hinabgeführte »Tausendjährige (Dritte) Reich« währte 12 Jahre, vom 30. Januar 1933 bis zum 8. Mai 1945. Viel zu lang.

Nach dieser gedanklichen Abschweifung zurück zu Bismarck und seinem 66er Ausmarsch in den deutschen Südwesten. Mit unseren badischen Bundesbrüdern tapfer Seite an Seite kämpfend (das Angriffsignal der württembergischen Kavallerie war identisch mit dem Rückzugssignal der badischen Reiterei, sagt Generalfeldmarschall Erwin Rommels Sohn Manfred), waren wir den nicht nur schneller schwätzenden, sondern auch noch schneller schießenden Preußen mit ihren modernen Zündnadelgewehren in der Schlacht haushoch unterlegen.

»Seit Tauberbischofsheim« (24. Juli 1866), sagt Thaddäus Troll, »können wir die Preußen nicht mehr totschießen, jetzt müssen wir sie aufheiraten«, und er hat seine Ehe mit einer (sehr sympathischen) Berlinerin als die »Fortsetzung des Krieges von 1866 mit andern Mitteln« bezeichnet.

Andererseits pflegte auch Bismarck, seit 1871 Fürst Bismarck, eine herzinnige Freundschaft zu einer Schwäbin, der nach Hansmartin Decker-Hauff »warmherzigen und ebenso schönen wie geistvollen«, nach Golo Mann »überaus klugen und gebildeten Frau« Hildegard Freifrau von Spitzemberg (1843–1914): Tochter des württembergischen Außenministers Friedrich Carl Freiherr Varnbüler von und zu Hemmingen. Damit Halbschwester des von Ludwig Thoma für den »Simplicissimus« entdeckten Bestsellerautors Gustav Meyrink (»Der Golem«, »Des deutschen Spießers Wunderhorn«). Ehefrau des württembergischen Gesandten in Berlin, Hugo Freiherr von Spitzemberg.

»Ihr Tagebuch aus den Jahren 1865 bis 1914 gehört zu den aussagekräftigsten Quellen über die Ära Bismarcks und Kaiser Wilhelms II.« Aus diesem unter dem Titel »Am Hof der Hohenzollern« (auch als Taschenbuch) erschienenen Werk zitieren wir einige Zeilen zum Tode ihres »besten Freundes«, des »Eisernen Kanzlers«, der sie liebevoll »Higachen« (preußische Koseform für Hildegardle) gerufen hatte.

»Gestern am 2. August hat in Anwesenheit der Majestäten und ihres Gefolges sowie der engsten Familie eine Trauerfeier am geschlossenen Sarge stattgefunden … Daß der Sarg geschlossen wurde, ehe der Kaiser kam, geht gewiß aus dem Gefühle hervor, dem Manne, der dem Toten das brennende Leid angetan (Anm.: Rausschmiß 1890 »Der Lotse geht von Bord«), nicht seinen Anblick zu gönnen – sie trauten sich vielleicht auch die Selbstüberwindung nicht zu, ruhig zu bleiben, wenn sie den Kaiser lebend auf den toten Vater blicken sehen würden!! Und das kann ich gut verstehen, Blut ist Blut, und die Bismarcks sind trotzige Gewaltmenschen, ungebändigt von Erziehung und Kultur, auch nicht edel veranlagt. Hätte die Fürstin noch gelebt, nimmermehr hätte sie dem Kaiser den Anblick gegönnt, sondern an der Leiche ihres Siegfriedes den Hagen verflucht, der ihn tödlich gekränkt und geschädigt!! Möglicherweise hat der Alte es selbst so verfügt?«

Zum guten Schluss, angesichts der immer noch nicht vollendeten Einigung Europas, noch ein weises Wort des Reichsgründers von 1871: »Setzen wir Deutschland, so zu sagen, in den Sattel! Reiten wird es schon können.« (1867).

Und als P. S. noch ein Dementi von Willy Reichert: »Als ich zwei Jahre alt war, starb Bismarck; die Gerüchte, er habe sich über mich totgelacht, sind unwahr.« (1956).

Wassermann Ehmann

Karl von Ehmann (1827–1889)

Der Karl von Ehmann ist als Pionier der Alb- und Landeswasserversorgung einer der größten Wohltäter unseres Landes – und trotzdem vergessen.

Die Ehmänner sind Bauern aus dem Welzheimer Wald, aber der Großvater Johann Michael Ehmann hat schon als Schlosser und Uhrmacher geschafft in Marbach, und den hat man anno 1805 an der Landstraße im Schnee gefunden, erfroren und ausgeraubt. Sein Büble, der Christian ist da grad einmal acht Jahre alt gewesen und hat dann nach der Konfirmation Mechaniker gelernt und hat's schließlich sogar zum Fabrikdirektor gebracht. Und am 24. September 1827 ist in Berg bei Cannstatt sein einziger Sohn, der Karl, auf die Welt gekommen.

Und der darf und kann selbstverständlich auf das berühmte Eberhard-Ludwigs-Gymnasium, studiert dann auf dem Polytechnikum nebenan den Maschinenbau und das Ingenieurwesen und geht dann auf die Walz, kommt ins Badische, ins Bayrische, ins Böhmische. Und anno 1847 geht er als ausgelernter Ingenieur nach England (und pumpt den Engländern ihre Bergwerke leer) und nach Amerika (und bewässert den Südstaatlern ihre Zucker- und Baumwollplantagen in Alabama und New Orleans).

Anno 1857 aber kommt er seinen Eltern zuliebe wieder heim und hatte auch etwas erspart und schafft jetzt als selbständiger Ingenieur in Stuttgart und baut verschiedene Wasserwerke im Ländle, und macht sein Gschäft so gut, dass der König Karl das auch merkt und ihn anno 1865 zum »Königl. Württ. Baurat« befördert.

Und zum Dank zieht er anno 1866 seinen genialen »Plan zur Versorgung der wasserarmen Ortschaften der Württembergischen Alb mit fließendem Nutz- und Trinkwasser« aus der Schublade. Wie oft im Lauf der Jahrhunderte waren die armen Albbauern von Beutelschneidern, Brunnenbohrern, Betrügern und Bescheißern ganz gemein hereingelegt und um ihr hart verdientes Geld gebracht worden, und die trauen auch dem Ehrenmann Ehmann nicht. Aber der Tierarzt Dr. Anton Fischer, der Schultheiß von Justingen, der traut ihm, und miteinander überzeugen sie die Bauern und auch den Herrn König in Stuttgart: »Majestät, für ons dät's des Wasser ja scho no, aber onser Viech sauft halt dui Soichbrüeh nemme!«

Und am 11. Mai 1870 ist der erste Spatenstich im Schmiechtal für das Pumpwerk Teuringshofen (heute Museum!), und schon am 18. Februar 1871 (genau einen Monat nach der Kaiserproklamation im Spiegelsaal zu Versailles) läuft bei 17 Grad Kälte in Justingen, Ingstetten und Hausen des erste Wasser aus dem Hahnen. Und jetzt jubeln auf einmal alle, und jetzt stehen alle die Albschultheißen Schlange beim »Ersten Staatstechniker für das öffentliche Wasser-Versorgungs-Wesen im Königreich Württemberg« und wollen auch so einen Wasserhahnen. Und dass er bei dem Haufen Gschäft überhaupt nachkommt, stellt er seinen Vetter Hermann Ehmann (1844–1905) bei sich ein, dessen Vater war ein Vierteljahr, nachdem man ihren Großvater im Straßengraben gefunden hatte, geboren worden.

Und auch die großen Städte haben jetzt bei den Ehmännern ihre Wasserleitungen bestellt, bezahlt und bauen lassen: Stuttgart, Ulm, Heilbronn, Esslingen, Tübingen, undsoweiter, ja sogar Pforzheim. Denn wir Württemberger haben uns ja mit den Badenern immer gut vertragen, bis dann dieser widerliche Wurzelzwerg namens Leo Wohleb sein Gift verspritzt hat.

Und unser Ehmann ist vor lauter Orden auf der Brust ganz schräg dahergekommen, ist Professor und Ehrendoktor und sogar auch noch ein »von« geworden. Und übrigens (der einzige!) Ehrenbürger von Degerloch auf den Fildern. Mit vollem Recht, bis dahin waren dort nämlich bis zu 60 % der Kinder an dem Dreckwasser gestorben, ehe sie in die Schule hätten gehen dürfen. Gemeinsam mit dem Schultheißen Wilhelm Gohl hat er »der Wassernot auch dieses Dorfes anno 1872 ein Ende gesetzt.« (Zum Dank wollte die Stadt Stuttgart das wunderschöne Grabmal dieses auch sonst hoch verdienten, letzten Degerlocher Bauernschultes zerstören lassen, aber der Markus Wolf hat sich gottlob tapfer geweigert!)

Vor lauter Schafferei hat der Karl von Ehmann nie geheiratet, er ist halt mit seinem Gschäft verheiratet gewesen, und er hat sich tatsächlich zu Tode gearbeitet. Anno 1883 hat sein Herz nicht mehr richtig mitgemacht, und er musste vorzeitig in Pension gehen. Hat aber natürlich hehlinge weitergeschafft, und am 30. April 1889 hat ihn am Schreibtisch der Schlag getroffen, und man hat den guten, frommen und fleißigen Mann auf dem Pragfriedhof begraben, allwo sein eindrucksvolles Grabmal noch zu sehen und mit Blumen geschmückt werden kann. »Kaum ein anderer Wohltäter der Menschheit ist so schnell vergessen worden wie Karl von Ehmann, obwohl doch seine Wohltat täglich in jedermanns Munde ist.«

122

Wohltäter, Penner, Nobelpreisträger

Henry Dunant (1828–1910)

In der Sonntagsbeilage vom 23. Oktober 1960 der (mittlerweile längst eingegangenen Stuttgarter) Allgemeinen Zeitung, der Botnanger Rundschau und des Neckarecho hat der Verfasser – damals noch nicht mal konfirmiert und von Kindesbeinen an im Kuhstall und auf dem Acker von seiner filderbäuerlichen, der mit so vielen Genies gesegneten Sielminger Schultheißenfamilie Hahn entstammenden Großmutter Luise Raff (1887–1980) nicht mit Tarzan oder Mickymaus, sondern mit Mörike, Hölderlin & Cie beglückt worden – den ersten Zeitungsartikel seines Lebens abgedruckt und fürstlich honoriert bekommen. Wir möchten Ihnen das von der damaligen Redaktion etwas (und sogar um Dunants Geburtsjahr 1828) gekürzte Machwerk mit seinen frühkindlich altklugen Formulierungen aus Württembergs Wirtschaftswundertagen nicht vorenthalten:

»Henry Dunant.
Zum 50. Todestag des Gründers des Roten Kreuzes am 30. Oktober 1960.
Henry Dunant war der Sohn eines reichen Bürgers der Stadt Genf (Schweiz). Schon früh zeigte er sich hilfsbereit, als er seine neuen Kleider an ärmere Kinder verschenkte, oder als er mit einer Bibel in die Gefängnisse und Zuchtanstalten ging und den Insassen Gottes Wort predigte. Später wurde er Mitglied des eben gegründeten Christlichen Vereins für Junge Männer (CVJM).
Sein Vater hielt ihn für verrückt. Doch er lernte fleißig und wurde mit 30 Jahren Präsident einer Firma, die in Nordafrika Getreide

anbaute. Aus Geschäftsgründen mußte er zu Napoleon III., der gerade einen Krieg gegen Österreich führte. Er traf den französischen Kaiser bei Solferino in Oberitalien. Auf dem Schlachtfeld lagen 40 000 Soldaten beider Nationen. Als Dunant dies sah, forderte er sämtliche Bewohner von Solferino und Umgebung auf, das Leid der Soldaten zu mildern. Er ruhte nicht, bis die letzte Wunde zu bluten aufgehört hatte, und bis der letzte Tote bestattet war. Dann brach er zusammen und wurde in Erholung geschickt. Wieder genesen, schrieb er das Buch ›Erinnerungen an Solferino‹. Darin forderte er die wichtigen und einflußreichen Persönlichkeiten Europas der damaligen Zeit auf, eine völkerverbindende Organisation zu gründen, die im Krieg, gleich welcher Rasse, Abstammung und Nation, allen Menschen, Freund oder Feind, helfen soll. Für dieses Unternehmen setzte er sich ganz ein, daß sogar seine Firma Konkurs machte, und er seinen ganzen Besitz verlor. Doch 5 Jahre nach der Schlacht, 1864, wurde von vielen Staaten die ›Genfer Konvention‹ unterzeichnet. Dieser Vertrag lautet, daß ein jeder Bürger der Mitgliedsstaaten dem andern in Kriegszeiten helfen soll. Bald darauf vergaß man Henry Dunant wieder. Erst um die Jahrhundertwende erinnerte sich ein Reporter einer großen Zeitung an ihn und stöberte ihn im Armenviertel von Genf auf. Im Jahre 1901 wurde ihm der erste Friedensnobelpreis verliehen. Am 30. Oktober 1910 verlor die Menschheit diesen großen Helfer. Doch Henry Dunants großes Werk lebt weiter. Aus der ›Genfer Konvention‹ entstand das ›Rote Kreuz‹. In der Geschichte der Völker wird der Name Henry Dunant unauslöschlich sein. Text: Gerhard Raff, Stuttgart-Degerloch, 13 Jahre. Zeichnung: Arno Leyh, Stuttgart-Degerloch, 13 Jahre.«

Abgesunken und vergessen

In der sehr schönen, beliebten und trotzdem intelligenten, seit 1977 ausgestrahlten Fernsehsendung »Ich trage einen großen Namen« konnte nach des Verfassers unfreiwilligem Abgang (Quizmaster Prof. Dr. Wieland Backes zu Ferdinand Freiherr von Liliencron:»Den Raff mussten wir rausschmeißen, der war uns zu gescheit!«) das hoch gebildete Rateteam trotz der hilfreichen Hinweise des Lotsen, bei dem gesuchten Herrn handele es sich um den »Gründer des Internationalen Roten Kreuzes« und sein Nachname begänne mit den Buchstaben »Du« – genauer gesagt »Dü« – auch beim besten Willen nicht den Henry Dunant erraten. So vergessen ist dieser »Wohltäter der Menschheit« selbst in Stuttgart, wiewohl der dank seiner weltumspannenden Idee zum Bankrotteur, Hungerleider und Penner in Paris gewordene Genfer Patriziersohn von Stuttgarter Freunden aus der Gosse gezogen und elf Jahre lang in dem (im Zweiten Weltkrieg zerbombten) Haus Hasenbergsteige 10 aufgenommen und durchgefüttert wurde, so dass er dankbar sagen konnte: »Oh wie schön ist dieses Stuttgart! Ich liebe das Schwabenland!«

Dankbar seien hier die Namen seiner Stuttgarter Freunde und Retter aufgeführt. Da ist zunächst der Heslacher Pfarrer Dr. Christoph Ulrich Hahn (1805–1881), ein Neffe des genialen Philipp Matthäus Hahn (1739–1790), der Gründer der seit 1830 so segensreich tätigen »Evangelischen Gesellschaft«. Er hat den 1859 nach der Schlacht bei Solferino zum spontanen Helfer gewordenen Dunant anno 1863 bei König Wilhelm I. eingeführt und noch in selbigem Jahr mit dem »Württembergischen Sanitätsverein« die »weltweit erste Rotekreuzgesellschaft außerhalb Genfs« gegründet und im Jahr darauf als offizieller Gesandter des Königreichs Württemberg die weltbewegende »Erste Genfer Konvention« unterschrieben.

(Anm.: Als Ersatz für sein von den städtischen Friedhofschändern der Ära Rommel zerstörtes Grabmal auf dem Fangelsbachfriedhof hat Markus Wolf 2013 daselbst einen Gedenkstein für diesen »Pionier der Diakonie und des Roten Kreuzes / Vorkämpfer für soziale Gerechtigkeit / Wegbereiter des württembergischen Wohlfahrtswesens« geschaffen.)

Dann ist da der Dekan Dr. Ernst Rudolf Wagner (1808–1878), ein Bruder von Danneckers »Schüler, Freund, Schwager und Nachfolger« Professor Theodor Wagner (1800–1880), der unter anderem die Bronzereliefs der Jubiläumssäule auf dem Schlossplatz geschaffen hat. Er hat Dunants Werk »Eine Erinnerung an Solferino« übersetzt und gemeinsam mit seiner aus Neuwied stammenden Frau Ida, geborene Lind (1815–1888) den von seinen Zeitgenossen so malträtierten und zum Clochard herabgesunkenen Philanthropen in ihrem Haus beherbergt und verpflegt, bis anno 1887 deren Erkrankung den Schützling zum Abschied aus Stuttgart und zum Umzug ins Armenhaus von Heiden im Appenzeller Land zwang.

Der Dritte im Bunde ist Professor Rudolf Müller (1856–1922), ein seit Studententagen mit dem Gast in der Hasenbergsteige befreundeter Lehrer am Dillmanngymnasium. Er schuf 1897 mit der von ihm verfassten »Entstehungsgeschichte des Roten Kreuzes und der Genfer Konvention« die Voraussetzung dafür, dass Henry Dunant anno 1901 der allererste Friedensnobelpreis verliehen werden konnte. Gleich nach seinem Erscheinen wurde dieses Buch übrigens von unserer wohltätigen Herzogin Wera von Württemberg (1854–1912) nach St. Petersburg an ihre kaiserliche Verwandtschaft geschickt, woraufhin das russische Zarenhaus dem verarmten Schweizer eine lebenslange Rente zukommen ließ.

Und dankbar erwähnt sei nun auch noch, dass ein Reporter der vom Verleger Eduard von Hallberger (1822–1880) in Stuttgart 1853 gegründeten und dort bis zum Inflationsjahr 1923 erscheinenden Illustrierte »Über Land und Meer« anno 1895 den Vergessenen im Heidener Armenhaus aufgetrieben, und daraufhin der Stuttgarter Stadtschultheiß Emil von Rümelin (1846–1899) eine »Dunant-Stiftung« gegründet und damit immerhin 25 000 Reichsmark zusammenbekommen hat. Aber die hat der Empfänger in seiner Gutmütigkeit gleich wieder weiterverschenkt, ebenso wie nachmals das Preisgeld des Dynamitfabrikanten Alfred Nobel (1833–1896).

Am 30. Oktober 1910 ist der »hochbetagte und weltverlassene« Mann in Heiden verstorben und in Zürich ohne jede Zeremonie auf dem Sihlfriedhof beigesetzt worden. Denn in seinem Testament hatte er verfügt: »Ich wünsche begraben zu werden wie ein Hund«. Und »Ich bin ein Jünger Christi wie im ersten Jahrhundert gewesen und sonst nichts.«

Seit dem 30. Oktober 2010 erinnert ein aus Carraramarmor gehauenes Denkmal an der Hasenbergsteige an den früheren Hausbewohner. Gestiftet hat es der vielfache Stuttgarter Wohltäter schweizerischer Nation Helge Franceschetti vom Sonnenberg, wie sein Vater Ernst Franceschetti (1897–1963) aus Zürich ein großer Verehrer seines großen Landsmanns.

128

»Der Elektrische«

Werner von Siemens (1816–1892)

Als die Preußen frech geworden, zogen sie nach Württembergs und Badens Norden und siegten anno 1866 unter Zuhilfenahme Ihrer schneller schießenden Gewehre über ihre ihnen auch rhetorisch unterlegenen Gegner und gründeten so ihre bis heute andauernde Vorherrschaft über die germanischen Südstaaten. Bald danach lenkt auch der dreiundfünfzigjährige Herr Ingenieur Werner Siemens aus Berlin, verwitweter Vater von vier Kindern zwischen fünfzehn und sieben Jahren, seine Schritte. ins Schwabenland und hält in Hohenheim um die Hand einer um vierundzwanzig Jahre jüngeren Cousine an, um so seinen beiden Buben und Mädchen eine gute und liebe Stiefmutter und sich für seine alten Tage ein bildschönes Bettfläschle zu besorgen.

In seinen hauptsächlich in seiner Harzburger Villa, aber auch in der Degerlocher Sommerfrische verfassten, bis heute lesenswerten »Lebenserinnerungen« (17. Aufl. 1966) beschreibt er seinen Glücksgriff von Gemahlin folgendermaßen:

»Mein häusliches Leben erfuhr eine vollständige Umgestaltung durch meine am 13. Juli 1869 erfolgte Wiederverheiratung mit Antonie Siemens, einer entfernten Verwandten, dem einzigen Kinde des verdienten und in der landwirtschaftlichen Technik wohlbekannten Professors Karl Siemens in Hohenheim bei Stuttgart. Ich habe in Tischreden und bei ähnlichen Veranlassungen oft scherzhaft gesagt, daß diese Verheiratung mit einer Schwäbin als eine politische Handlung zu betrachten sei, da die Mainlinie notwendig überbrückt werden müßte und dies zunächst am besten dadurch geschähe, daß möglichst viele Herzensbündnisse zwischen Nord und Süd geschlossen würden, denen die politischen dann von selbst bald nachfolgen würden. Ob mein Patriotismus hierbei nicht wesentlich durch die liebenswürdigen Eigenschaften dieser Schwäbin, die wieder warmen Sonnenschein in mein etwas verdüstertes, arbeitsvolles Leben gebracht hat, beeinflußt worden ist, will ich hier nicht näher untersuchen.«

Weil das schöne Schwabenmädle sich in der steifen Berliner Gesellschaft aber gar nicht arg wohl fühlt und zeitlebens an ihrer Heimat hängt, schenkt ihr der betuchte Gemahl zur Geburt ihres ersten Kindes anno 1870 ein »Schlößle« im Höhenluftkurort Degerloch, janz weit draußen vorm Dorf, mitten auf der grünen Wiese, an der Kirchheimer Straße (heute Jahnstraße).

Anders als in der Neuzeit, wo die Hässlichkeit herausragender Bauwerke häufig der herausragenden Finanzkraft der Bauherren und Investoren entspricht, gelang es den Baumeistern vergangener Zeiten, das Herz der Bewohner und das Auge der Betrachter durch wohlgefällige Bauten zu erfreuen.

Vom Turm aus hatte man einen unverbaubaren Blick auf die Filderebene mit Hohenheim, auf die Burgen der Alb von der Teck bis zum Hohenzollern, sah an manchem schönen Tag gar bis zu den Alpen. Der Heimatforscher Rudolf Weißer hat diese Fernsicht in abgasfreien Zeiten noch aufgezeichnet. Und sie sah auf ihren riesengroßen Park, und besonders gerühmt wird ihr mit Buchsbaumhecken umrahmter Rosengarten und ihr Weinberg, in dem aber nur ein extrem saurer »Semsekrebsler« herangereift sein dürfte. Selbst einen Tennisplatz gab es, den ersten Sportplatz in Degerloch. Die heutigen Sportplätze dienten damals noch dem Militär als Exerzierplatz. In dieser Tradition sieht sich wohl, trotz der üblen Erfahrungen mit böhmischen Gefreiten, jener böhmische Feldwebel, der sich daselbst auf der Eisbahn mit staatlicher Unterstützung jahrzehntelang als Kinderschinder betätigen durfte.

Aber über eines verfügte dieses hochherrschaftliche Anwesen denn doch nicht, über eine Wasserspülung, die doch schon jedes mittelalterliche Zisterzienserkloster vorweisen konnte. Im Degerloch mit seiner erst durch seinen Ehrenbürger Karl von Ehmann beseitigten Wassernot mussten sich selbst Besserverdienende wie die Siemens zunächst noch mit einem Plumpsklosett zufrieden geben wie jeder Taglöhner auch. Die ehrenvolle Aufgabe der Entsorgung der als Biodung sehr gefragten Stoffwechselendprodukte der exquisit ernährten Familie Siemens oblag dem unter zahlreichen Bewerbern von der Hausherrin Antonie höchstpersönlich auserlesenen Bauern- und Wengertersohn Christoph Friedrich Raff, Urgroßvater des Verfassers von »Herr, schmeiß Hirn ra!« (25. Aufl. 2013).

Und im Winter, wenn die Arbeitgeber zuweilen in Berlin zu weilen pflegten, hatte er den Garten samt Weinberg mit Roßbollen und Kuhmist zu versorgen.

Die »Frau Kommerzienrat« sei eine gute Frau gewesen und habe anständig bezahlt, und als er seine Dienste wegen Heirat aufkündigen musste, hat sie ihm zum Abschied eine kupferne Bratenkachel geschenkt. Besonders imponiert hat ihm ihre Vorliebe für den edlen Bratbirnenmost, den »Degerlocher Champagner«, den sie auch vornehmsten Gästen vorgesetzt haben soll, die teils mit der 1884 eingeweihten Zahnradbahn, teils noch mit der Chaise, aber auch schon teils mit dem eben erfundenen Automobil angereist kamen.

Im Flecken lebte die Erinnerung an die Wohltäterin von »dr Villa« noch lange weiter. Auch zum Neubau der Michaelskirche hat sie einen namhaften Betrag aus Berlin angewiesen. Nach ihrem Tod anno 1900 wechselte das Haus mehrfach den Besitzer. Zwischen den Weltkriegen unterhielt der Arzt Dr. Emil Reinert ein Sanatorium für zahlungskräftige Patienten aus Europa und Übersee. Das im Krieg unversehrt gebliebene (und heute sicherlich jeden Stadtprospekt zieren würdende) »Schlößle« wurde dann aber zu Arnulf Kletts Zeiten, da selbst der Abbruch des Neuen Schlosses allen Ernstes von den Spitzen der Stadtverwaltung erwogen wurde, im Frühjahr 1957 – mit Ausnahme der bis heute erhaltenen Schlößlesmauer – ein Opfer der Spitzhacke und durch einen faden, aber modernen Neubau der Ärztekammer ersetzt.

Werner von Siemens, im Dreikaiserjahr 1888 von dem nur 99 Tage regierenden Kaiser Friedrich III. mit dem Adelstitel versehen und im Degerlocher Volksmund ehrfurchtsvoll bewundernd »dr Elektrische« genannt, war bereits 1892 gestorben.
Erst zwei Jahre nach dessen Tod eröffnet seine Firma eine Niederlassung in der Stadt seiner bevorzugten Sommerfrische und beginnt mit der Elektrifizierung des Königreichs Württemberg.

Als der um die Jahrhundertwende noch als Maurer und Bauarbeiter in Stuttgart tätige, 1907 bei der II. Sozialistischen Internationale bei seinen damaligen Freunden Liebknecht, Luxemburg, Lenin und Bebel in einer Sitzungspause auf dem Cannstatter Wasen hinter einer Holzbeuge hockende Benito Mussolini nach Absonderung brauner Ergüsse zur Säuberung seines Hinterteils mangels Papier nach einem Grasbüschel greift und dabei versehentlich eine Brennnessel erwischt, flucht er bereits: »Verdammtes Germania, alles elektrisch!«

Noch was: Wussten Sie eigentlich, dass der durch und durch sympathische, viele Jahre als Galionsfigur der westdeutschen Wirtschaft hofierte und beschleimte und später doch so übel beschimpfte und behandelte langjährige Siemens-Öberste Heinrich von Pierer – der dem Verfasser als »nulltariflich tätigem Lohnschwätzer des Großkapitals« gelegentlich und stets steinbrückreiche Beträge für seine sozialen Projekte zugeschanzt hat – auch aus einer braven schwäbischen Bauernfamilie kommt, die auf den Stammvater Johannes Chrysostomos Bierer (1690–1734), Landwirt in Staatssekretär Ventur Schöttles Heimatdorf Granheim im Oberamt Ehingen/Donau, zurückgeht? Sein mit einer Valerie Edle von Resch verheirateter Großvater, der K. u. K. Feldmarschall-Lieutenant Eduard Pierer wurde anno 1900 von der Sissi ihrem Gemahl, dem Kaiser Franz Joseph, in den österreichischen Adelsstand »v. Esch« erhoben.

Freigiebiger Fabrikant

Gottlieb Benger (1851–1903)

Die Benger sind Reingschmeckte aus Frankreich, Hugenotten vom einem Nachtschattengewächs von »Sonnenkönig« nach der Aufhebung des Edikts von Nantes 1685 ihres Glaubens wegen aus ihrer Heimat vertrieben und bettelarm hier in Degerloch angekommen. Und der Strumpfweber Wilhelm Benger I. (1818–1864) hat anno 1844 seine eigene Werkstatt aufgemacht im »Gäßle«, in einem Häusle, wo man aus der Dachrinne saufen konnte, ohne dass jemand so lang sein musste wie dumm. Und dort ist am 16. Mai 1851 sein Gottlieble auf die Welt gekommen. Und der Wilhelm ist ein fleißiger und wiefer Mann gewesen, und im Jahr darauf konnte er dank Ferdinand (noch ohne von) Steinbeis »den ersten in Deutschland gefertigten Französischen Rundwirkstuhl« aufstellen.

Und der Gottlieb hatte noch einen älteren Bruder, den Wilhelm Benger II. (1845–1896), und mit vier Jahren verliert er schon seine gute Mutter Magdalena, geborene Kaiser, aus dem Degerlocher Uradel, die stirbt mit fünfunddreißig. Und Lesen, Schreiben und Rechnen lernt er in der hiesigen Volksschule, und dann darf der gscheite Kerle als einer der ersten Buben des Dorfes in Stuttgart auf die Schule. Und macht dann eine Lehre beim »Carl Neeff & Comp. in Stuttgart am Markt« (jetzt Breuningerbunker). Das ist ein Freund und Vetterle vom Vater gewesen und hat dem seinerzeit das Geld ausgeliehen für seine modernen Maschinen im Gäßle, und seit 1858 in der neuen Fabrik an der Oberen Weinsteige am Josefsbuckel.

134

Im August 1864 verlegt der Vater seine Fabrik von Degerloch nach Stuttgart und stirbt (zur Strafe?) schon einen Monat später. Sein zweites Eheweib Julie, geborene Faut, wird jetzt die Chefin, bis die anno 1874 auch stirbt, und dann machen die zwei Brüder als »Wilhelm Benger Söhne« weiter und produzieren halt brav ihre Kittel, Kappen, Unterwäsche und Badehosen. Und erst als der Gottlieb den Stuttgarter Professor Gustav Jaeger, den berühmten »Wolle-Jaeger«, fragt, ob sie nicht seine wollenen Hemmeder, seine Gesundheitswäsche, herstellen dürfen, und der Ja sagt, kommt der große Erfolg und wird aus dem Benger »ein in allen Ländern und Weltteilen bekanntes, großartiges Fabriketablissement«. Und ihr berühmtester Kunde wird der allmählich zum Weltmarktführer aufsteigende Robert Bosch.* Und der Platz in der Sophienstraße reicht bald nicht mehr aus, und sie ziehen anno 1882 hinaus nach Heslach ond bauen auf der »grünen Wiese« (vis-à-vis vom Erwin-Schoettle-Platz) eine riesige Fabrik, »eine der größten auf dem Kontinent«.

Und »wo jemals das Benger'sche Fabrikat auf Ausstellungen vertreten war, ist es prämiert und mit höchsten Auszeichnungen bedacht worden«. Und darum lauft auch das Geschäft so gut, dass sie bald Filialen in Wien, New York und Barcelona aufmachen können, und weil die Österreicher mit dem Zoll aufgeschlagen haben, bauen sie anno 1885 einfach eine Fabrik im vorarlbergischen Bregenz. Und unser Gottlieb, »ein gleichermaßen geachteter und geliebter Mann« mit seiner »ungewöhnlichen Schaffenskraft und Arbeitsfreudigkeit« wird sogar Rumänischer Generalkonsul und schreibt 1896 ein Buch mit dem (arg optimistischen) Titel »Rumänien, ein Land der Zukunft«, das wird sogar ins Englische und Französische übersetzt, und vom König Karl kriegt er die »Goldene Medaille für Kunst und Wissenschaft 1. Klasse« überreicht und beim König Wilhelm II. wird er obendrein »Geheimer Kom-

---

* Der Bosch-Biograph Gunter Haug hat herausgefunden, dass die Jaeger-Bengersche Wollkleidung schuld daran war, dass so zwei schwäbische Prachtskerle wie der Bosch und der König Wilhelm II. niemals zusammen gekommen sind …

merzienrat«, und der Staatspräsident von Frankreich macht aus unserem Gottlieb sogar einen »Officier de l'instruction de la République française«.

Seit 1878 ist er mit der Uhlbacher Wengerterstochter Luise, geborene Currle, verheiratet gewesen, und in ihrer »sehr glücklichen Ehe« kam ein Mädle zur Welt, ihre Martha, die hat dann später den Sohn vom altwirtembergischen Bankhaus Doertenbach zum Gemahl genommen. Und »in dem idyllisch gelegenen Uhlbach« hat sich der Gottlieb und seine Luise eine wunderschöne Villa bauen lassen. »Wie viel Segen aus seinem allzeit offenen Haus für viele, besonders für sein Uhlbach geflossen ist, das weiß in Uhlbach jedes Kind.« Denn unser Gottlieb ist kein so knickiger Neureicher gewesen wie so mancher »Besserverdienende« heutzutage, im Gegenteil, »durch seine Herzensgüte und seine immer offene Hand« hat der Mann soviel Gutes getan, dass man das gar nicht alles aufzählen kann: Kirchtürme und Kirchenorgeln, Kindergärten, Kinderheime und sogar Kaiserdenkmäler auf dem Karlsplatz hat er gestiftet, die Feuerwehren, den CVJM, den Verschönerungsverein und hundertfuffzig andere Vereine hat er kräftig unterstützt.

Und »dieser großzügigste Mäzen in Stuttgart« stirbt am 19. August 1903 zwei Monate nach der Silberhochzeit »so rasch im schönsten Mannesalter«. Und wenn alle Fabrikanten so gut gewesen wären wie unser Gottlieb, dann hätte der Karl Marx Liebeslyrik und Indianergeschichten schreiben können. Denn »am meisten aber haben ihn seine vielen Arbeiter zu betrauern, denn sie verloren in ihm einen wahrhaft väterlichen Freund. Reichliche Löhne und im Winter und Frühjahr namhafte Beiträge zu Holz, Hauszins und Konfirmation« haben die erhalten. Und wegen der Konkurrenz aus den »Billiglohnländern« mit ihren Sklavenarbeitern ist, wie so viele andere edle schwäbischen Fabriken, leider auch die Firma »Wilhelm Benger Urenkel« den Bach runter …

Hochzeit in Amsterdam

Máxima und Willem-Alexander 2. 2. 2002

Da unser vieler Urehne, der Herzog Carl Eugen von Württemberg, vor Urzeiten »in ungezählten Stundenliebschaften sein Land mit Bastarden übersät« (Zitat: Prof. Dr. Peter Lahnstein, ehem. Präsident des allwissenden Landesamtes für Verfassungsschutz) hat, sind wir alten Wirtemberger automatisch mit allen altehrwürdigen Königshäusern Europas verwandt. Und so dürfen wir heute ohne schlechtes Gewissen nix schaffen und stattdessen zur Hochzeitsfeier unseres Herrn Vetters Willem-Alexander nach Amsterdam dappen oder zappen. Denn auch durch dessen in Liebe zu Máxima entbranntes Herz fließt ständig blaues Blut mit dem Herkunfts- und Qualitätszeichen Württemberg:

Seine Mama Beatrix ist ein Mädle von der Königin Juliane, selbige wiederum ist ein Mädle von der Königin Wilhelmine, jene aber ein Mädle von König Willem III. der Niederlande. Dieser, man muss das schon sagen, ebenso ab- wie bösartige Saukerle war in erster Ehe mit unserer darob todunglücklichen Prinzessin Sophie von der Sophienstrasse, einer Tochter König Wilhelms I. und unserer für alle Zeiten unvergessenen »frühvollendeten Königin Katharina«, verheiratet gewesen und hatte mit ihr drei missratene und noch vor dem Vater verstorbene Söhne in die Welt gesetzt. Nach Sophies herbeigesehntem Tod 1877 nahm sich der für damals steinalte Knacker die 41 Jahre jüngere Prinzessin Emma zu Waldeck-Pyrmont zum Weibe, eine Schwester der »frühvollendeten Prinzessin Marie« vom Marienplatz, der im Ländle heute noch betrauerten, im dritten Kindsbett verstorbenen Gemahlin unseres guten, demokratischen Königs Wilhelm II. von Württemberg, und schwängerte sie anno 1879 kurz vor Torschluss noch mit Wilhelmine.

Willem III. aber war der Sohn des freundlichen Willem II. aus dessen Ehe mit Großfürstin Anna von Russland, der Schwester unserer Königin Katharina. Die beiden wiederum sind Mädle der Maria Feodorowna, die mit der Zarin Katharina II. der Großen ihrem Kleinen, dem Zaren Paul I. von Russland, verkuppelt worden ist.

Maria Feodorowna, eine in Putinland unvergessene, in Merkelland aber noch viel zu wenig bekannte großartige Frau und Wohltäterin, indessen ist ein Mädle unseres Herzogs Friedrich Eugen vom Friedrich-Eugens-Gymnasium, dem jüngeren Bruder der Herzöge Carl Eugen und Ludwig Eugen, welch letzterer sich über unseren als »Vater des Vaterlandes« so fleißigen und fruchtbaren Urehne bitterlich beklagt hat: »Ich könnte in meinem Land und an meinem Hof das sechste Gebot nicht übertreten, ohne Gefahr zu laufen, einen Incest zu begehen.«

Bei soviel hochadliger Inzucht ist es doch direkt erfreulich und erfrischend, wenn es Vetter Willem-Alexander (dem beglückenden Beispiel des Vetters Carl XVI. Gustaf von Schweden folgend) nun auch nach einer transatlantischen Partnerschaft gelüstet. Namens unserer großen Familie im gemeinsamen Haus Europa begrüßen wir daher unser schönes, liebes, gscheites (ond kadolisch isch se au), angeheiratetes neues Bäsle Máxima (für ihren blöden Vater kann sie so wenig wie der kommende König Willem IV. Alexander für den Willem III.) herzlich mit den holprigen, aber unsterblichen Versen, die der Stuttgarter Bierwirt Lorenz zu Königin Sophies Hochzeit anno 1839 im »Schwäbischen Merkur« verbrochen hat: »Ob mit, ob ohne Wiz, gut meint's der Schwabe doch: Hoch lebe Württemberg, Oranien lebe hoch!«

Hochzeit in Kopenhagen

Mary und Frederik 14. 5. 2004

Die innigen blauen Blutsbande zwischen Dänemarks Königshaus und Degerlocher Bauernschaft und Weingärtnerzunft.

Lieber Vetter Frederik!

Deine Frau Mama, Ihre Majestät, die Königin Margarethe II., und Dein Herr Papa, der Prinz Henrik, werden es Dir vermut- und wahrscheinlich nicht erzählt haben, dass Du auf Deinem hochfürstlichen Stammbaum nicht bloß dänische und französische, sondern auch schwäbische und Degerlocher Vorfahren hast. Denn des ist schon eine ein bißle heikle, aber romantische Geschichte.

Und das hat der Landeschefgenealoge Professor Dr. Gerd Wunder aus Schwäbisch Hall (1908–1988) mitsamt dem Professor Dr. Hansmartin Decker-Hauff (1917–1992) herausgefunden: Deinem Vater Henrik seinem Vater seine Mutter, also Deine Urgroßmama Henriette, die stammt aus Wirtemberg. Und deren ihr Vater, also Dein Ururgroßpapa Eugen, der ist ein ledigen Kind gewesen von dem Stammheimer Pfarrer Dr. phil. Christian Friedrich Immanuel Hallberger, dem Vetter von dem Verleger Louis Hallberger, nachmals Deutsche Verlags-Anstalt, vormals in Stuttgart in der Neckarstraße.

Und wie dem Herrn Pfarrer sein Eheweib, die Johanna Wilhelmine, geborene Kößler, eine Mutter von acht Kindern, von denen vier noch lebten, zur Erholung ins Kurbad gegangen ist, hat er sich für diese Zeit eine Kindsmagd eingetan, eine Verwandte, »die

19jährige sehr hübsche und gescheite« Marie Schoder, deren Vater war in Ludwigsburg auf dem Finanzamt beschäftigt als Kanzleirat.

Und das schöne Jüngferlein ist halt eines schönen Tages keines mehr gewesen, und ehe sich die Leute so richtig das Maul verreißen konnten, ist der Herr Doktor Hallberger Hals über Kopf auf und davon, direkt nach Paris und hat dort eine Weile für seinen Vetter Verleger geschafft.

Das schöne Mariele aber hat am 25. März 1839 im badischen Ausland, in Sickingen ein Bübchen, den Eugen Ludwig Heinrich, auf die Welt gebracht, dort hatte sie Verwandtschaft, die hat nach ihr geguckt. Am 6. Juni 1840 aber ist sie in Ludwigsburg am Schleimfieber gestorben. Noch so blutjung.

Den kleinen Eugen hat dann seine Tante aufgezogen, die Karoline Schoder, seiner Mutter ihre jüngste Schwester. Und die hat das Kind mit nach Frankreich genommen und hat anno 1854 den davongelaufen Herrn Dr. Hallberger, der jetzt seinen Lebensunterhalt als Deutschlehrer verdient hat und schon seit 1840 geschieden war, sogar auch noch geheiratet.

Der Eugen aber hat sich später Louis-Eugène Hallberg genannt und ist katholisch geworden und Professor für deutsche Literatur an der Universität Toulouse. Und dem sein Mädle Henriette hat anno 1904 den Henri de Laborde de Monpézat geheiratet, Deinen Urgroßvater väterlicherseits.

So ist das alles also gewesen. Die dänischen Hofberichterstatter aber schreiben einen unverschämten Lohkäs zusammen: »Hallberger hielt Frankreich für das Land, das die besten Voraussetzungen für seine neuen liberalen Gedanken bot, und deswegen wanderte er 1840 aus und wurde französischer Staatsbürger.« Und diese Lugenbeutel bescheißen Deinem Vater Henrik einen Haufen adelige Vorfahren auf seine Ahnentafel, dass es schon nicht mehr schön ist. Tatsächlich sind von seinen 32 Urururgroßeltern 31 bürgerlich (was ja gar kein Nachteil ist), und er hat gerade mal einen gotzigen Adeligen darauf, nämlich den Herrn Laborde de

Monpézat. Und von dem sagen ja maßgebliche Genealogen, die L(')aborde seien grad so ein bschissener Adel wie der vom Schisscard d'Estaing.

Sei's drum, über Degerloch hat Dein Vater Henrik doch noch seine hochfürstlichen Vorfahren: Sein Zehnmalurgroßvater, der Herr »Magister Christophorus Raphius Nagoltensis« (†1591, Pfarrherr zu Degerloch und »Ahnherr von Bauern, Bundespräsidenten und Königen« und vom schönen Mariele Schoder) ist nämlich mit einem illegitimen Nachkömmling des liebes- und lebenslustigen Grafen Ulrich des Vielgeliebten von Wirtemberg verheiratet gewesen.

Und als schwäbisch wertvolles Hochzeitsgschenk wünschen wir Dir namens Deiner ganzen hiesigen Verwandtschaft, dass Du glücklich und selig wirst mit Deinem schönen tasmanischen Mariele. Und viele schöne ond gscheite ond xonde ond liebe Kinderlein. Und wir hoffen, dass die's mal schöner und besser haben werden mit ihrem Papa als Dein Brüderle Joachim und Du, der Du selber mal gesagt hast: »Wenn Schläge Liebe bedeuten, dann hat uns unser Vater sehr geliebt …«

Hochzeit in Monaco

Charlene und Albert 3. 7. 2011

Eines gleich vorneweg: Wäre alles mit rechten Dingen zugegangen, würde sich keine oder kaum eine Sau für die Hochzeit eines ehemaligen olympischen Bobfahrers mit einem in internationalen Schwimmbecken erfolgreich tätig gewesenen südafrikanischen Mädle mit mecklenburg-vorpommerischem Migrationshintergrund in Monaco interessieren. Und ohne die damalige deutsch-französische Erbfeindschaft säßen heute auf dem Thron der Grimaldis unsere schwäbischen Fürsten von Urach und Grafen von Württemberg vom Schloss Lichtenstein. Schon 1910 hatte sich nämlich der ob des Produkts seiner Lenden völlig verzweifelte Fürst Albert I. (1848–1922) überlegt, ob er nicht besser statt seines total missratenen einzigen Sprösslings Louis (1870–1949), den Sohn seiner mit dem Erbauer von Schloss Lichtenstein verheirateten lieben Tante Florestine, geborene von Monaco (Fontenay 1833 – 1897 Stuttgart), den Herzog Wilhelm II. von Urach, späteren König von Litauen (Monaco 1864 – 1928 Rapallo), zu seinem Thronfolger bestimmen soll. Aber dann kam halt der Erste Weltkrieg dazwischen und mit ihm jener für Wirtemberg so verhängnisvolle Vertrag vom 11. Juni 1918, der festlegt, dass nur Monegassen oder Franzosen diesen Thron besteigen und besetzen dürfen.

Der Filou Fürst Louis hat seiner Lebtag lang nix gschafft und sich nur mit Menschern rumgetrieben, und erst drei Jahre vor seinem Tod hat er mit 76 Jahren noch eine 30 Jahre jüngere Schauspielerin geheiratet, wobei die Ehe kinderlos blieb. Aber der Louis hatte in

seinem legendären Liebesleben unter anderem mal was mit einer in Algerien geborenen Wäscherin namens Marie Juliette Louvet (1867–1930) gehabt. Diese hatte, klug und schön wie sie war, erkannt, dass es lukrativer ist, sich selbst in die saubere Wäsche zu legen, statt diese zu waschen und zu bügeln.

Und hat dann ein illegitimes Töchterlein zur Welt gebracht, die Charlotte (1898–1977).

Ob die tatsächlich von Louis stammt, hat noch kein Gentest bewiesen, und es wurde gelästert, wenn ein Schreiner seinen Daumen in eine Kreissäge bringt, weiß er ja auch nicht, welcher Zacken der Säge selbigen weggeschnipfelt hat. Auf jeden Fall hat der Louis das Lottchen mangels legitimer Nachkommenschaft später adoptiert, sie zur Mademoiselle de Valentinois erhoben und mit dem Prinzen Pierre de Polignac (1895–1964) verkuppelt. Und die brachte dann den Rainier auf die Welt. Danach »verließ sie ihren bedauernswerten Gemahl, um ihrer größten Leidenschaft zu leben, der für das andere Geschlecht.« »Noch im Alter war ihr Ruf derart ruiniert, daß ihr Sohn ihr verbot, nach Monaco zurückzukehren«. Und nicht mal als Leich im Sarg durfte sie in ihre Heimat heimkommen.

Als dann der liebesdurstige Louis anno 1949 als letzter legitimer Grimaldi sein liederliches Lotterleben aushauchte, wurden unsere Uracher wiederum um den Thron beschissen, und auf jenem machte sich jetzt der Monegassenjunge Rainier III. (1923–2005) breit, »diiiesärr Bastaarrrd! – wie ihn der Herzog Karl Gero von Urach (1899–1981) immer wieder so liebevoll charakterisiert und so trefflich tituliert hat.

Von Rainiers Benehmen im 1945 entgegen der Absprache mit General Eisenhower zunächst von den Franzosen eroberten und besetzten Stuttgart weiß nämlich der Verbindungsoffizier Charles Lincoln aus Santa Monica in seinen Memoiren üble Dinge zu erzählen. Sei's drum, anno 1956 hat er das alles wieder gut gemacht, als er die in Philadelphia geborene, in Hollywood so erfolgreiche bildschöne irisch-schwäbische Co-Production Grace Kelly (1929–1982) zum Weibe nahm.

Denn die Fürstin Gracia Patricia von Monaco ist von ihrer mit dem vom Maurermeister zum Multimillionär aufgestiegenen John Brendan Kelly (1889–1960) verheirateten Mutter Margaret Katherine Majer (1899–1990) her eine waschechte Württembergerin. Und wie ihrer bereits vor fünfzig Jahren verfertigten Ahnentafel zu entnehmen ist, hat unser gutaussehendes graziöses Bäsle in ganz vielen Gemeinden des Landes von A (wie Aldingen) bis Z (wie Zuffenhausen) ihre Vorfahren auf den Friedhöfen liegen und ihr Sohn Albert II. seine riesige Verwandtschaft hocken.

Und wie die ebenso fleißigen wie findigen Familienforscher und Genealogenkäpsele Professor Dr. Günther Schweizer in Tübingen

a. N. und Thilo Dinkel in Kirchheim u. T. in unseren Tagen herausgebracht haben, hat unsere gute Grace »Ahnengemeinschaft« mit vielen der großen Geistesakrobaten der »Gelehrtenrepublik Schwaben.« So ist die ihrer partiell irischen Herkunft wegen stockkadolische Fürstin allein schon als Nachfahrin des als »schwäbischer Luther« laufenden Reutlinger Reformators Matthäus Alber (1495–1570) unter anderem ein leibhaftiges Bäsle vom Schiller, Hegel, Uhland, Wilhelm Hauff und Wilhelm Maybach, Max Planck, Philipp Matthäus Hahn, und über die Mutter Marianne von Graevenitz, auch eine Cousine unseres treuen Lesers Richard Freiherr von Weizsäcker, dem wir alle guten Wünsche ins Exil nach Berlin schicken.

Für das Brautpaar aber erhofft die hiesige, halt am Fernseher vereinte Verwandtschaft von »Son Altesse Sérénissime Albert Alexandre Louis Pierre Rainier Grimaldi, von Gottes Gnaden Regierendem Fürsten von Monaco, Herzog von Valentinois, Marquis von Les Baux, Graf von Carladès, Baron von Buis, Freiherr von Saint-Rémy, Herr von Matignon, Graf von Torigni, Baron von Saint-Lô, Luthumière und Hambye, Herzog von Estouteville, von Mazarin und Mayenne, Fürst von Château-Porcien, Graf von Pfirt, von Belfort, von Thann und Rosemont, Baron von Altkirch, Freiherr von Isenheim, Marquis von Chilly, Graf von Longjumeau, Baron von Massy, Marquis von Guiscard« – trotz der legitimen Anwartschaft des Hauses Urach-Württemberg auf den Thron der Grimaldis – ein fröhliches und fruchtbares fürstliches Ehebett.

Der »junge süeze man« und seine »ros ane dorn«

Philipp von Schwaben (um 1177–1208) und Irene Maria von Byzanz (um 1177/80–1208)

Der erste Stauferkaiser Friedrich I. Barbarossa hatte sich von seiner kinderlos gebliebenen ersten Ehefrau Adela von Vohburg scheiden lassen wie seinerzeit der persische Schah von der Soraya, in zweiter Ehe aber hat ihm die Beatrix von Burgund einen ganzen Stall voll Kinder geschenkt. Und ihr jüngstes Büble ist der Philipp von Schwaben gewesen. Und da der Vater den ums Jahr 1177 in Pavia oder Umgebung geborenen Benjamin für eine geistliche Karriere bestimmt hatte, damit der eines schönen Tages mal Kardinal oder sogar Papst werden kann, hat er ihn ins Kloster Adelberg in die Schule geschickt, und kein Wunder bei so einem Vater, wenn der junge Kerle dann mit kaum einmal vierzehn Jahren schon zum Bischof von Würzburg gewählt wird.

Dann aber ist der Barbarossa auf dem Weg ins Heilige Land im Saleph ums Leben gekommen und sein ihn auf dem Kreuzzug begleitender Sohn, der Herzog Friedrich von Schwaben, bei der Belagerung von Akkon gefallen, und da hat Philipps ältester Bruder, der Kaiser Heinrich VI., gemeint, der Philipp soll doch seinen Bischofsmantel an den Nagel hängen. Und aus und vorbei war der Traum, dass eines schönen Tages der Kaiser ein Staufer und der Papst ein Staufer und die Welt in guten schwäbischen Händen ist und ewiger Frieden herrscht in Europa. Und der Kaiser hat den Philipp als Herzog von Tuszien in der Toscana schaffen lassen. Und wie beider Bruder, der Tagdieb Herzog Konrad von

Schwaben, anno 1196 in Durlach beim Ehebruch unsanft ent-
schlafen war, hat er ihm das Geschäft als Schwabenherzog auch
noch aufgehalst.

Dann aber ist der Kaiser Heinrich VI. gestorben anno 1197 mit
32 Jahren in Messina an der Malaria, und weil dessen einziges
Kind, der spätere Kaiser Friedrich II., erst drei Jahre alt ist, wählen
die Staufertreuen im Reich den guten Philipp am 8. März 1198
zum deutschen König und setzen ihm ein halbes Jahr später im
Mainzer Dom die Reichskrone auf. Mittlerweile hatte aber die an-
tistaufische Opposition am 9. Juni den Sohn von Barbarossas Erz-
feind Heinrich dem Löwen zum Gegenkönig gewählt, den Braun-
schweiger Otto IV. aus dem (gleichfalls schwäbischen) Geschlecht
der Welfen. Und auch der Papst Innozenz III. hat gemeint »Otto
find ich gut« und hat den Philipp und dessen Freunde exkommu-
niziert. Und jetzt geht im ganzen Reich jahrelang das Gehändel
los: »Hie Welf! Hie Waibling!« Und nach vielen Feldzügen,
Schlachten und Scharmützeln hat der Philipp schließlich die Nase
vorn und lässt sich 1205 in Aachen nochmals zum König wählen
und sich von seinem ehemaligen Feind, dem Erzbischof Adolf von
Köln, nochmals die Krone aufsetzen. Und jetzt hebt auch der
Papst anno 1207 den karriereschädlichen Kirchenbann auf.

Und alles wäre jetzt in Butter, der Otto IV. pfeift auf dem letzten
Loch und der Philipp könnte jetzt nach Rom reiten und Kaiser
werden. Da will er aber vorher noch die Hochzeit seiner burgun-
dischen Nichte Beatrix mit dem Herzog Otto von Meranien mit-
feiern. Dessen Bruder ist der Bischof Ekbert von Bamberg, der Erbauer des dortigen Doms, und beider Schwestern sind die heilige
Hedwig von Schlesien und die Gertrud, die Mutter der heiligen
Elisabeth von Thüringen. Und am 21. Juni 1208 wird das Fest gefeiert, und das Brautpaar ist grad zur Hochzeitsreise aufgebro-
chen, da will sich der Philipp in der Alten Hofhaltung ein bisschen
ausruhen. Da kommt der bitterböse bayrische Pfalzgraf Otto von
Wittelsbach in die Stube und haut mit seinem Schwert Philipps
Halsschlagader auf, und der Staufer bricht zusammen und ver-
blutet. Armes Deutsch-, Schwaben- und Abendland!

Über die Motive dieses ersten Königsmords in der deutschen Geschichte streiten sich die Gelehrten bis heute. Die einen sehen in ihm einen Racheakt des Bayern, weil ihm der Philipp eine seiner Töchter zum Weib versprochen und sich dann doch anders besonnen habe, andere vermuten eine politische Verschwörung gegen den guten Philipp, dritte sehen ihn als Opfer von Kriegstreibern, die es nicht verwinden konnten, dass er sein Heer entlassen hatte, um endlich Frieden zu haben. Auf jeden Fall kann der Wittelsbacher entkommen, und zur Strafe wird seine Stammburg bei Aichach dem Erdboden gleichgemacht, und ein Jahr nach der ruchlosen Tat wird der flüchtige Mörder in einer Scheuer bei Regensburg erwischt, und der Reichsmarschall Heinrich von Kalden haut ihm eigenhändig den Kopf runter und schmeißt ihn in die Donau.

Kaiser Heinrich VI. hatte seinem Bruder Philipp ein bildschönes Prinzessle zur Gemahlin rausgesucht, die Irene, Tochter des Kaisers Isaak II. Angelos Comnenos von Byzanz, und dabei die Hoffnung gehegt, eines schönen Tages Ostrom und Westrom unter staufischer Herrschaft wieder zusammenzuführen. Ein Vierteljahr vor des Kaisers überraschendem Tod, an Pfingsten 1197 haben die beiden bei Augsburg Hochzeit gehalten und so wunderbar zusammengepasst: Der »junge süeze man« und die »ros ane dorn« – wie sie der Minnesänger Walther von der Vogelweide besungen hat. Er »verkörpert alle Anmut, Grazie, Milde, die sich mit einer wirklichen Frommheit zusammenfand« und sie wird als »tugendhaft, fromm, gütig und schön« gepriesen und trägt fortan den Namen Maria.

Die ungemein glückliche Ehe wird am 21. Juni 1208 in der Alten Hofhaltung zu Bamberg durch das Schwert des Wittelsbachers getrennt, die schwangere Witwe zieht sich mit ihren vier Töchtern auf die Stammburg Hohenstaufen zurück. Am 20. August verschreibt sie – »Wir, die Wir bisher noch am Leben sind« – in einer auch den heutigen Leser zutiefst erschütternden Urkunde noch dem Kloster Adelberg einen Hof in Oberesslingen: »Gottes Ratschlüsse sind wie ein tiefer Abgrund …«

Am 27. August 1208 stirbt »Maria, von Gottes Gnaden erhabene Königin der Römer« auf dem Hohenstaufen an der Geburt einer Tochter. Das Kind wird zu ihr in den Sarg gelegt. Auf ihrem Grabmal im Kloster Lorch war noch am Ende des 16. Jahrhunderts die lateinische Inschrift zu lesen: »Hier ruht die edle und fromme griechische Maria, König Philipps Gemahlin. Laß, Jungfrau Maria, sie auf gnädigem Pfad zum Saal des Königs gelangen!«

Und der Bestsellerautor des 19. Jahrhunderts Karl von Gerok hat ihr sein wunderschönes Gedicht gewidmet: »Horch, horch, horch! / Klosterglocken zu Lorch / Läuten dem Lande zu Leide … Ruhe sanft im letzten Bette / Weiße Rose Griechenlands, / Schlummre süß an fremder Stätte / Kaisertochter von Byzanz!« Und der Bestsellerautor des 20. und 21. Jahrhunderts Gunter Haug hat sie in seinem zu Herzen gehenden historischen Roman »Die Rose ohne Dorn« verewigt.

Gelobtes Land

Noch kurz vor der Revolution von 1848 wurde eine in zahlreichen Auflagen erschienene »Geschichte von Württemberg für den Bürger und Landmann« von Christian Gottlob Barth verfasst, die mit den Worten beginnt: »Der geneigte Leser muß vor allen Dingen wissen, daß es zwei gelobte Länder in der Welt gibt, das eine ist das Land Canaan oder Palästina, das andere ist Württemberg.«

Das gelobte Land am nördlichen Rand des alten Herzogtums Schwaben (gleich Alemannien!) verdankt seinen Namen und seine Existenz einer Hochadelsfamilie, die man bisher aus Luxemburg hereingeschmeckt wähnte, und die den Namen ihrer dortigen, an der Sauer gelegenen Burg mitgenommen und auf ihre neu erbaute Burg Wirtemberg auf dem Rotenberg im Neckartal übertragen haben soll. In diesem Namen steckt, wie etwa auch in Verdun oder Verden, das keltische Wort »Virodunum«, und das bedeutet »befestigte Burg«.

Entgegen allen anders lautenden schönen Geschichten und Sagen aus der Romantik und trotz Schillers Dichtkunst und der edlen Weine an seinen Hängen hat »Wirtemberg« demnach nichts mit einem »Wirt am Berg« zu tun, der auf der Flucht mit der von ihm geschwängerten Kaisertochter eine Kneipe an der Hauptstraße von Cannstatt nach Esslingen eröffnet haben und Jahre später vom durchreisenden, ergrauten Schwiegervater erkannt und angesichts der wohlgeratenen Kinderschar mit Burg und Grafschaft belohnt und belehnt worden sein soll.

Nach der neuesten Forschung sind die Wirtemberger tatsächlich eingeborene Landeskinder aus dem Remstal, nahe Verwandte,

wohl eine jüngere Linie des salischen Königs- und Kaiserhauses, der »Waiblinger«.

Und doch, wie in den besten Familien vorkommend, stehen die Wirtemberger in der unter dem Begriff »Investiturstreit« weltgeschichtsbuchbekannten unseligen Auseinandersetzung zwischen Reich und Rom, zwischen Kaiser und Papst nicht auf der Seite des kaiserlichen Vetters.

Die erste erhaltene Urkunde, in der ein Wirtemberger erwähnt wird, entstand am 2. Mai 1092 anlässlich einer Versammlung von Anhängern der päpstlichen Partei in Ulm, die dort Herzog Berthold II. von Zähringen (Ehemann der Tochter des um Leben und Schwurhand gekommenen Gegenkönigs Rudolf von Rheinfelden) zum Gegenherzog gegen den Staufer Herzog Friedrich I. von Schwaben (Schwiegersohn des Canossa-Kaisers Heinrichs IV. und Großvater Friedrich Barbarossas) erhob.

Und mitten unter den ultramontanen Verschwörern ein »Conradus de Wirtinisberk« alias Konrad von Beutelsbach, der sich inzwischen und fortan nach der von ihm erbauten Burg im Neckartal nennt, deren Bau am 7. Februar 1083 mit der Weihe der Burgkapelle abgeschlossen war. Der dieses Ereignis überliefernde Weihestein hat den von König Wilhelm I. befohlenen Abbruch der Stammburg im Jahre 1819 zur Errichtung der Grabkapelle für die so jung verstorbene Königin Katharina überstanden und ist allda auch als wirkungsloses Mahnmal für eine bessere Beachtung des Landesdenkmalschutzgesetzes noch immer zu besichtigen.

Anderthalb Jahrhunderte später findet sich der Wirtemberger wiederum auf der Seite des Papstes. Als Kaiser Friedrich II. anno 1245 auf dem Konzil von Lyon von Papst Innozenz IV. gebannt und abgesetzt und in Deutschland Heinrich Raspe, Landgraf von Thüringen, zum Gegenkönig gewählt wird, geht Wirtembergs Graf Ulrich I. der Stifter stiften. Gegen immense Bestechungsgelder – von der »Banco di San Spirito« aus Roma an die »Banco Centrale« in Stoccarda überwiesen – und wertvolle Immobilien aus staufischem Besitz läuft er, der Bannerträger König Konrads

IV. am Morgen der Schlacht von Frankfurt am 5. August 1246 mit eingerollter Reichssturmfahne und zwei Dritteln des Heeres zum »Pfaffenkönig« Heinrich Raspe über.

Manche Badener, immerhin ist ihr junger Markgraf Friedrich anno 1268 mit Konrads IV. sechzehnjährigem Sohn Konradin in Neapel aufs Schafott gestiegen, beschimpfen die Wirtemberger als »Totengräber und Erbschleicher der Hohenstaufen« und behaupten »Der Verrat des württembergischen Stammvaters trug wesentlich zum Untergang der Hohenstaufen bei.« Und übersehen dabei geflissentlich, wie Ulrichs welfisch gesinnter Großvater mütterlicherseits einstens von der Stauferpartei um sein reiches Sach in Südtirol gebracht worden war.

Und wissen anscheinend nicht, dass Ulrich der Stifter zum Zeitpunkt des Verrats wohl schon mit Mathilde, der Tochter des Stuttgarter Stadtgründers, Markgraf Hermanns V. von Baden, verheiratet gewesen ist. Sie hat die altbadische Landeshauptstadt als Mitgift mit in die Ehe gebracht.

Beide, Badener und Württemberger haben in der Folgezeit friedlich nebeneinander gelebt, und wenn sie schon mal gekämpft haben, dann Seite an Seite, und das bis zur bitteren Niederlage. (»Ich sage nur Preußen, Preußen, Preußen!«)

Die Kinder und Kindeskinder Ulrichs (aus dessen zweiter Ehe mit der Urenkelin der heiligen Hedwig, der Herzogin Agnes von Schlesien-Liegnitz) haben das Erbe der Väter sorgsam und reichlich vermehrt, und das zumeist auf friedlichem Wege mit einer geschickten Erwerbs-, Heirats- und Haushaltspolitik. Wirtemberg ist die größte Grafschaft im Heiligen Römischen Reich Deutscher Nation, als der »weiseste unter den Fürsten Teutschlands«, Graf Eberhard im Bart anno 1495 auf dem Reichstag von Worms von seinem Freund, dem (späteren) Kaiser Maximilian I. aus dem Hause Habsburg zum Herzog erhoben wird.

»Eberhard, der mit dem Barte« und sein genialer Großneffe Herzog Christoph werden von der Geschichtsschreibung gerühmt als

»Baumeister der schwäbischen Gelehrtenrepublik und Wegbereiter der Demokratie in Württemberg«. Beide werden sogar vom Bayernkönig Ludwig I. in der Walhalla mit einer Büste geehrt.

Napoleon aus dem Hause Buonaparte, selbst gekrönter Kaiser der Franzosen, belohnt den »schwäbischen Zaren«, den despotischen »dicken Friedrich« für seinen (diesmal erzwungenen) Verrat am römisch-deutschen Kaiser anno 1806 mit dem Königstitel und wohlansehnlichen Ländereien aus der Konkursmasse des »Heiligen Römischen Reichs Deutscher Nation«.

Dessen Sohn, König Wilhelm I., der sein »Land der hellen Köpfe und der geschickten Hände« vom Agrarstaat zum Industrieland wandelt, sagt anno 1864 auf dem Sterbebett beim Blick von Schloss Rosenstein ins Neckartal: »Es thut doch weh, von einem so schönen und guthen Lande scheiden zu müssen.« (Anm.: Bei gleichem Blickwinkel stirbt sich's heute bedeutend leichter).

Der letzte König Wilhelm II., der von seinem Volk und selbst von den republikanisch gesinnten Sozialdemokraten hoch verehrte »Demokrat auf dem Königsthron«, stellt nach der Revolution von 1918 fest: »Es hat sich en Wirteberg net viel verändert. Die Baure, wo die Trög fülle müeßet, bleibet de gleiche. Bloß die Säu, wo draus fresse därfet, des send jetz andere.«

Sein durch das Revolutiönle verhinderter Thronfolger Herzog Albrecht hat schon zu Weimarer Zeiten seine abgrundtiefe Abneigung gegen die an Macht drängenden braunen Brüder nie verhehlt und diese aufrichtige Haltung mitsamt seiner Familie bitter büßen müssen.

Herzog Albrechts Enkel, der derzeitige Chef des Hauses Württemberg, Herzog Carl, Jahrgang 1936 und wohnhaft auf Schloss Altshausen im Oberland und mit Prinzessin Diane von Frankreich vermählt, macht durch zahlreiche soziale und kulturelle Aktivitäten und ein herausragendes Mäzenatentum von sich reden. Der legendäre Landeshistoriker Hansmartin Decker-Hauff sagte von ihm: »Er wäre ein guter König von Württemberg geworden.«

Das Silberglöckle

In allen Büchern, allen Zeitungsartikeln, die man in die Finger kriegt, steht drin, dass das berühmte »Silberglöckle« auf dem Großen Turm der Stuttgarter Stiftskirche anno Domini 1507 (in Worten: fünfzehnhundertundsieben) von dem Esslinger Glockengießer Pantaleon Sidler gegossen worden sei. Wenn man aber den Esslinger Decker-Hauff-Schüler Claus Huber, den Glockensachverständigen der württembergischen Landeskirche, fragt, dann sagt der einem, dass auf dem Glöckle in Wirklichkeit eindeutig das »Baujahr« 1502 draufsteht »in gotischen Minuskeln: † Ossanna hais ich. Pantlion Sidler von Eslingen gos mich im XV.C.II. iar«

Und es ist auch nicht aus Silber, sondern aus gewöhnlichem Glockenmetall, 35 Kilo schwer und hat 38 Zentimeter Durchmesser und den Ton Cis. Und wird werktags wie sonntags abends um neun und nachts um zwölf geläutet. Und wenn man durch die adventlich geschmückte Stadt läuft, dann ist das nach der akustischen Umweltverschmutzung durch das kommerzielle Weihnachtsgedudel ein richtiger Ohrenschmaus auf die Nacht.

Früher kannte jedes Kind in Stuttgart die romantischen Sagen, die sich um dieses Glöckle ranken. Eine, die hat so ein literarischer Geschäftemacher anno 1845 erfunden und geht so: Ein Edelfräulein von der Weißenburg habe es gestiftet und jeden Abend geläutet, dass ihre 1347 verschwundene Mutter wieder heimfinden solle. Eine andere Version ist grad so verlogen, nach der habe sich das wirtembergische (nachmals mit dem späteren Kurfürsten von Sachsen vermählte, früh im ersten Kindbett verstorbene und im Dom der Silberstadt Freiberg beigesetzte) Prinzeßchen Sibylla Eli-

157

sabeth (1584–1606) auf dem Heimweg vom Kloster Denkendorf in finstrer (Mitter-)Nacht im dunklen (Bopser-)Wald verirrt und bloß durch das Glockenläuten wieder heimgefunden, und zum Dank habe sie anno 1598 das Silberglöckle gestiftet. Und der Karl von Gerok hat anno 1883 ein schönes langes Gedicht darüber gemacht: »Einst irrt ein edles Herzogskind / Durch Feld und Wald bei Nacht und Wind. / Prinzeß Sibyll Elisabeth, / Gen Stuttgart will sie heim so spät …«

Und bevor die Stiftskirche anno 1944 mit dem schönen alten Stuttgart in Schutt und Asche sank, hatte man sicherheitshalber das Glöckle – »das uns Stuttgartern besonders ans Herz gewachsen ist« – vorher abgenommen. Und wie es nach dem Krieg wieder auf den stehen gebliebenen Kirchturm raufgezogen und in der Nacht zum 1. Mai 1951 erstmals wieder geläutet wird, da war halb Stuttgart auf dem Schillerplatz versammelt samt Schultes Arnulf Klett, Ministerpräsident Reinhold Maier und Landesbischof Martin Haug, und alle haben sie feuchte Augen bekommen.

Und der weltberühmte Komponist Robert Stolz hat schon vier Wochen vorher, am 30. März 1951, in Stuttgart »das aus Presse, Funk und Fernsehen bekannte« Lied »Wenn das Silberglöcklein der Stiftskirche ruft« komponiert. Und seine Witwe, Frau Yvonne Louise Stolz, genannt »Einzi« hat mir anno 1993 aus Wien geschrieben: »Die Sage vom ›Silberglöcklein‹ lernte Robert Stolz kennen, als er in Stuttgart als junger Mann 1915 seine Operette ›Das Lumperl‹ am ›Königlichen Wilhelma-Theater‹ dirigierte. Die Geschichte faszinierte ihn und er hat mir oft davon erzählt. Es war seine Idee, über diese Geschichte ein Lied zu komponieren, für das ich unter dem Pseudonym ›Ludwig H. Ulrich‹ den Text schrieb. Da sich Robert Stolz der schönen Zeit, die er in Stuttgart verbrachte, immer in großer Dankbarkeit erinnerte, hat er dieses Lied ›Der schönen Stadt Stuttgart gewidmet‹.«

Und da heißt es in der gesprochenen Vorrede: »In Stuttgart, der lieblichen Neckarstadt, / da lebte dereinst ein Prinzeßlein, / das nahm in Champagner das tägliche Bad / und saß nur auf goldenen Seßlein. / Und doch war das reiche Prinzeßlein so arm, / ihr Herzchen verzehrte ein bitterer Harm: / Ihr heimlicher Liebster, nach Ruhm zog er aus / und kehrte nicht wieder nach Haus. / Und alle die silbernen Ringelein, / die seine Liebe ihr gab, / ließ gießen sie zu einem Glöckelein, / doch weckt es ihn nicht aus dem Grab. / Und nur eines blieb / von der großen Lieb': / Und sind auch die Zeiten an Stürmen reich, / das Glöcklein wird niemals verstummen, / so wie jeder Frühling dem andern ist gleich / am Sonnenberg mit seinen Blumen. / Und weiter wird ewig die Sage auch blüh'n, / vom armen Prinzeßlein und ihrem Bemüh'n, / den herzliebsten Knappen zu rufen zurück / ins süße verbotene Glück. / Denn nie stirbt in Stuttgart die Liebe aus, / und nie die Rebe aus Schnait, / und ewig wird sie geh'n von Haus zu Haus / die Sehnsucht im lenzfarb'nen Kleid. / Und was je geschieht, / mög auch blüh'n das Lied.« Und jetzt kommt erst das eigentliche Lied und ist »leicht bewegt-duftig vorzutragen« und lautet also: »Wenn das Silberglöcklein der Stiftskirche ruft, / dann lauschen verliebt alle Pärchen / und sie küssen sich nachts im Kastanienduft / auf dem Schloßplatz, entrückt in ein Märchen. / Denn das Glöcklein, das hat seinen eigenen Ton, / gewebt aus Sehnsucht und Treue, / es klingt seit hunderten Jahren schon, / stets beglückend die Herzen aufs neue. / Und dann singen die Leutchen das uralte Lied / von der Liebe beim schwäbischen Wein / und was später die tiefblaue Mitternacht sieht, / erzählt sie dem Neckar allein. Kling-klang, kling-klang, kling-klang, kling-klang!« Und das doch hoffentlich nochmals 500 Jahre lang!

Gruß aus Markgröningen

Man mag Markgröningen

Vor rund 1500 Jahren hat der Frankenkönig Chlodwig die Schwaben besiegt und mit seinem Schwager, dem Ostgotenkönig Theoderich, und dem Lineal die Stammesgrenze zwischen Schwaben und Franken vom Hesselberg bis zur Hornisgrinde und weiter bis zu den Vogesen gezogen und damit das »Mark« in die heutigen Städtenamen Mar(k)bach am Neckar und Markgröningen an der Glems eingebracht.

Vor rund 750 Jahren hat der Graf Hartmann von Grüningen samt seinem Vetter, dem Grafen Ulrich I. von Wirtemberg, das Heer König Konrads IV. – Urenkel Kaiser Friedrich Barbarossas, Sohn Kaiser Friedrichs II. und Vater König Konradins – mit eingerollter Reichssturmfahne verlassen und ist in das Lager des Gegenkönigs Heinrich Raspe, Landgraf von Thüringen, übergelaufen und hat durch diesen Verrat »wesentlich zum Untergang der Hohenstaufen beigetragen« und damit »einen Hauch von Weltgeschichte über Markgröningen« gebracht.

Rund 200 Jahre danach wird erstmals der Markgröninger Schäferlauf urkundlich erwähnt und ist damit eines der ältesten Volksfeste in Europa.

Für mich ist es das schönste Volksfest der Welt, und dies seit Kindheitstagen.

Um Mitte der Fünfzigerjahre des vergangenen Jahrhunderts vom Bauern- und Weingärtnerdorf Degerloch auf den fruchtbaren Fildern in das fruchtbare Strohgäu zu kommen, musste man zwei auch sonntags völlig verstopfte Verkehrsmittel benutzen, die vorsintflutliche Stuttgarter Straßenbahn zum Hauptbahnhof und die

Schwäbische Eisenbahn bis Asperg, und dann wallfahrtete man voll den Rest des Weges mit dem Vesper und einer Flasche Himbeersaft im Rucksäckle per pedes zum Ziel.

Und dann wie in einem Märchenfilm oder einem Heimatfilm, mitten im Grünen, umsäumt von erntereifen goldenen Getreidefeldern lag da die schöne und heile Stadt Markgröningen mit ihrer schon von weither freundlich grüßenden Bartholomäuskirche und mit ihren prächtigen Fachwerkhäusern. Eben war man noch durch das ausgebombte Stuttgart mit den hässlich hingeschluderten Neubauten der Nachkriegszeit gezuckelt. (Kein Wunder, dass die ihre Straßenbahn dann unter die Erde gelegt haben!). Jetzt spazierte man unter lauter fröhlichen, ebenso festlich gestimmten wie gekleideten Leuten, viele davon in ihren schönen Trachten, durch die mit viel Fahnen, Girlanden, Blumen, Birken- und Tannengrün geschmückten Gassen. Guckte sich dann andächtig staunend den liebevoll zusammengestellten Festzug an mit den ungezählten von Kühen, Ochsen, Gäulen und auch schon von tuckernden und rußenden Bulldogs der Marke Lanz gezogenen Fuhrwerken, all den sommerlich verzierten Leiterwagen und Leiterwägele und den herrschaftlichen Kutschen der Honoratioren »zum Städtele hinaus.« Und dort, gleich vor dem Stadttor, sah man die Hundertschaften von schnuckeligen Schäflein, die stattlichen Schäfer in ihrem schönen Gewand, die knitzen, wettergerbten Gesichter unter dem schwarzen Dreispitz, dann das von Fanfaren eröffnete romantische Reiterschauspiel mit dem Grafen und seinem treuen Barthel, gleichermaßen schön für das Auge wie erbaulich für das Herz, und so ländlich-sittliche Vergnügungen wie das Sackhüpfen, das Wassergöltenwettrennen, den Hahnentanz, und dann den spannend-spektakulären Schäuferlauf barfuß über den Stoppelacker, die Krönung des dank der dicksten Hornhaut, der strammsten Waden und der kräftigsten Ellenbogen Sieger gewordenen Schäferpaares durch den Ludwigsburger Landrat im festlichen Frack und mit Zylinder, und dann das finale Sahnehäubchen, der wunderschöne, endlos scheinende, schweißtreibende Schäfertanz in der prallen Sommersonne. Älles, älles war so schön und lieblich, und man konnte es daher auch ohne Murren verkraften, wenn einem die (alleinerziehende) Mutter sagte, für einen Schlotzer, oder all die anderen harmlosen Verlockungen, die einem da rechts und links des Weges provokativ ins Auge fielen, reicht das Geld nicht, die Fahrscheine seien ja schon teuer genug gewesen.

Als ich viele Jahrzehnte später mal wieder zum Schäferlauf kommen durfte, jetzt im katalysatorverzierten Blechkarren aus Wolfsburg, fand ich zwar erst keinen Parkplatz, nach einem langen Anmarsch wie einstens aber doch wieder das Fest meiner Kindheit, und es war wieder fast genauso lieblich und schön und eindrucksvoll wie damals. Und vollends seit ich glücklicher Besitzer von zehn Markgröninger Schafen (»eines davon heißt Gerhard«) geworden bin, schaue ich, wenn es der Terminkalender irgendwie zulässt, an Sankt Barthelstag im Strohgäu vorbei. Und ich kann jedem Landsmann, der sich leider oft mit Recht über das von König Wilhelm I. und seiner und unserer guten Königin Katharina eigentlich als Erntedankfest gestiftete Cannstatter Volksfest beklagt, dass es mittlerweile zum »multinationalen Alkoholikerkongreß« und zur »Proletenparade mit integrierter Saufkopfschlägerei« herabgesunken sei, raten: Gang naus nach Markgrönenge, dort isch's no richtig schee, dort isch no »Hie gut Wirtemberg allewege!«

Schloss Solitude

Es war einmal ein Herzog … Der hieß Carl Eugen von Württemberg. Sein Vater, ein berühmter Feldherr im Türkenkrieg, der dem noch berühmteren Prinzen Eugen von Savoyen geholfen hatte, die Schlacht bei Belgrad zu gewinnen, war dem Buben früh weggestorben, als der gerade mal neun Jahre alt war. Dann wurde er am preußischen Königshof vom jungen »Alten Fritz« erzogen, und der gab ihm nicht nur viele gutgemeinte Ratschläge für ein gutes Regiment mit auf den Lebensweg, sondern auch seine Nichte Elisabeth Friederike von Bayreuth zur Frau.

Diese Brandenburgerin, von Voltaire als »das sicherlich schönste Kind in Europa« bezeichnet, war aber ebenso bildschön wie eingebildet, und ihre ersten Worte bei ihrem Einzug in Stuttgart sollen gewesen sein: »Was soll dieses Geschmeiß?!« Nach wenigen Jahren einer »wenig glücklichen Ehe« ist sie bei Nacht und Nebel auf und davon und wieder in ihre Heimat zurückgekehrt, ohne Württemberg und seinen Herzog jemals im Leben wieder gesehen zu haben.

An die guten Ratschläge ihres Onkels Friedrich hat sich der mit sechzehn Jahren an die Regierung gekommene Serenissimus Carl Eugen nicht gehalten, im Gegenteil, er führte ein Tyrannenregiment wie aus dem Bilderbuch. Um sein verschwenderisches Luxusleben im dem noch unter den Folgen des Dreißigjährigen Krieges und der permanenten französischen Raubkriege leidenden Land zu finanzieren, verkaufte er seine Landeskinder als Soldaten, verschacherte er die Ämter und Dienste an die Meistbietenden, brach er die landständische Verfassung und erhob er ungerechtfertigte und drückende Steuern. Und die Kritiker seiner

Tyrannei sperrte er ohne Urteil in die Kerker auf dem Hohenasperg und Hohentwiel.

»Zu jener Zeit war der Hof des Herzogs von Württemberg der glänzendste in Europa« erzählt der 1760 nach Stuttgart gekommene Giacomo Casanova später in seinen Memoiren, und er schätzt die Zahl der illegitimen Sprösslinge des »potenten Potentaten« und Ahnherrn so vieler Landeskinder damals schon auf eine vierstellige Zahl. Und noch in unseren Tagen hat ihm deswegen der Regisseur Federico Fellini in seinem Film über den venezianischen Abenteurer ein Denkmal auf Zelluloid gesetzt.

Im Herbst 1763 fasste der Herzog bei einer Jagd den spontanen Entschluss, mitten im Glemswald am Abhang zum Strohgäu ein einfaches Jagdhaus zu errichten. Als aber am 10. November jenes Jahres (Friedrich Schiller feierte da gerade seinen vierten Geburtstag) der Grundstein der Solitude gelegt wurde, war im Hirn des Herzogs anscheinend bereits der Plan für eine veritable Sommerresidenz herangereift, als ob das Land mit dem Bau und Ausbau seiner Schlösser in Stuttgart und Ludwigsburg (einschließlich des nachmals Monrepos genannten Seehauses) nicht schon genug ausgepresst worden wäre.

Zunächst musste die vorhandene Wildnis erst einmal durch den Bau von Zufahrtsstraßen erschlossen und das Schlossgelände gerodet und mühsam in Handarbeit planiert werden. Eine lateinische Inschrift am Schlossportal erinnert an die Baugeschichte: »Unter der Führung Carls besiegte unermüdliche Arbeit in vier Jahren die einsame Wüste 1763–1767.« Eigentlicher Architekt war der während seiner Erziehung in der Baukunst hervorragend geschulte und »vom Bauwurmb befallene« Herzog selbst, der immer wieder, oft in aller Herrgottsfrühe und unangemeldet, die Baustelle aufsuchte, und ihm zur Seite standen zunächst der Bauunternehmer Johann Friedrich Weyhing und der Bauleiter Oberst Jakob von Scheeler sowie der Hofmaler und Galeriedirektor Nicolas Guibal. Anno 1767 wurden schließlich auch der Stuttgarter Hofbaumeister Philippe de la Guêpière und im Jahr darauf dessen Nachfolger, der »Hauptmann und Architecte« Reinhard Ferdinand Heinrich Fischer, des Herzogs natürlicher Sohn, hinzugezogen, der das Schloss als eine der »bedeutendsten architektonischen Schöpfungen des 18. Jahrhunderts im deutschen Südwesten« im Jahre 1769 vollenden konnte. »Der Ort, den Carl der heiligen Ruhe weihte«, wie die lateinische Inschrift zur Talseite hin verkündet.

Jeder, der einen Blick auf den von Fischer gezeichneten »Topographischen Plan der Solitude bey Stuttgardt« aus dem Jahre 1784 wirft, wird es (außer dem Herrn Finanzminister vielleicht) zutiefst bedauern, dass die ursprüngliche Anlage nicht erhalten geblieben ist. Verschwunden sind die prächtigen Gärten mit all den »Orangerie Haeusern«, der »Orangerie« selbst, dem »Chinesischen Haus«, dem »Kleinen Lust-See«, dem »Grossen Bassin mit Insel und Pavillon«, dem »Irgarten« und vieles andere, schließlich auch die Obstbauplantage, von wo aus der Herr Major Johann Caspar Schiller, wohnhaft in einem der schnuckeligen Kavaliershäuschen, das ganze Württemberger Land mit seinen Apfel- und Birnbäumchen versorgte.

Sein berühmter Sohn Friedrich war ja des Herzogs Eleve auf der seinerzeit ebenfalls weltberühmten »Hohen Carlsschule« gewesen, der modernsten Universität ihrer Zeit, die in den wenigen Jahren ihres Bestehens der Menschheit eine solche Fülle herausragender Köpfe, Obergscheitle, Käpsele, Genies und Intelligenzbolzen geschenkt hatte, dass, hätte sie weitere dreißig, vierzig Jahre segensreich wirken dürfen, dann wäre, wie Hansmartin Decker-Hauff immer wieder sagte, die Dummheit in Württemberg wohl vollends ausgerottet worden. Hervorgegangen war sie aus der 1770 auf der Solitude gegründeten »Militärischen Pflanzschule« zur Ausbildung von Waisenkindern als Stukkateure und Gärtner, die 1773 zur Militärakademie erhoben und schon zwei Jahre später nach Stuttgart neben das Neue Schloß verlegt wurde.

Der diktatorische, prunkliebende und verschwenderische Herzog war inzwischen seinem »herzallerliebsten Franzele« begegnet. Und es kamen nun »die glücklichen Jahre in Hohenheim« und die Solitude mit all ihrem Glanz geriet immer mehr in Vergessenheit. Noch ein letztes Mal aber stand sie im Mittelpunkt, als dort anlässlich des Besuches des künftigen Zaren Paul von Russland und seiner aus dem Hause Württemberg stammenden Gemahlin Maria Feodorowna, einer Tochter von Carl Eugens Bruder Friedrich Eugen, ein glänzendes Fest gefeiert wurde, um der russischen Verwandtschaft mächtig zu imponieren. Der herzogliche Regimentsmedicus Friedrich Schiller hat diesen Trubel auf der Solitude ausgenützt, um in der Nacht vom 22. auf den 23. September 1782 in das damals kurpfälzische (noch nicht badische!) Mannheim zu flüchten.

Die Gärten verwilderten mit der Zeit, die Gartenbauten wurden nach und nach abgebrochen, der große Marstall nach Stuttgart in die Königsstraße versetzt, ebenso die ursprünglich als Reithaus erbaute Evangelische Kirche, die Carl Eugens Neffe Friedrich, seit 1806 König von Napoleons Gnaden, seinen neu gewonnenen katholischen Landeskindern in der Residenzstadt als Gotteshaus St. Eberhard vermachte. Andere Bauten wurden öffentlich versteigert, abgetragen und in den Dörfern rund um Stuttgart wieder errichtet.

Die stehen gebliebenen Gebäude aber wurden in sämtlichen Kriegen von Napoleon bis Hitler als Kriegslazarett genutzt, und auf dem für die dort verstorbenen Soldaten angelegten Solitude-Friedhöfle ruht mittlerweile nicht nur der 1973 auf dem Rückflug von einem Gastspiel in New York verstorbene Ballettdirektor John Cranko, sondern auch der 1917 auf der Solitude geborene, am zweiten Tag des Zweiten Weltkrieges in der Tucheler Heide in Sichtweite seines neunzehnjährigen Bruders Richard gefallene Heinrich Viktor Freiherr von Weizsäcker an der Seite seiner Eltern. Das Grabmal hat sein Onkel, der Bruder seiner Mutter Marianne, der Bildhauer und Akademierektor Professor Fritz von Graevenitz geschaffen, der dort ebenfalls begraben liegt. Das sehenswerte Museum in seinem ehemaligen Atelier auf der Solitude wird von seiner Tochter Irmgard, der Schwiegertochter des Industriellen Robert Bosch, betreut, die an so manchem Sonntag auch persönlich führt.

Es gäbe noch so vieles erzählen, vom einst so schwer bewachten Wohnhaus der Ministerpräsidenten Filbinger und Späth und Oettinger, von den prominenten Bewohnerinnen und Bewohnern der Kavaliershäuschen, von der Gastronomie und der Akademie Solitude im einstigen »Cavaliers- und Officenbau«, von der bei betuchten Brautleuten und Musikfreunden so beliebten Schlosskapelle, undundund.

Am besten, man macht selbst einen Besuch im Schloss und lässt sich von den durchweg hervorragenden Führerinnen und Führern alles zeigen und erklären (und gibt dann auch ein fürstliches Trinkgeld) und erwirbt sich an der Kasse obendrein den ebenso informativen wie präzisen papiernen Schlossführer von Michael Wenger.

Die Buslinie 92 der SSB führt vom Hauptbahnhof durch die Innenstadt zur Solitude und hält direkt vor der Haustür. Schöner aber ist es, von der Stadtbahnhaltestelle Bergheimer Hof (Linie 6) aus auf der von Ludwigsburg herführenden schnurgeraden Solitudestrasse (nebenbei, es ist die Basislinie der 1817 begonnenen Landesvermessung) das Schloss zu Fuß zu erobern. Dabei wird einem klar, wie unsinnig das immer noch verbreitete Gerücht ist, der Herzog habe diese Allee »knietief mit Salz bestreuen« lassen, um im Sommer mit seiner Franziska Schlitten fahren zu können. Das hat erst das so fortschrittliche 20. Jahrhundert gebracht, dass man die Strassen mit Salz bestreut, um im Winter nicht mehr Schlitten fahren zu können …

Wirtschaftswunder am Nesenbach (1955)

Zehn Jahre nach dem Ende des von einem verhinderten Kunstmaler vom Zaun gebrochenen Krieges, an dem das in Schutt und Asche gesunkene Stuttgart entgegen den Absprachen der Alliierten zunächst am 22. April 1945 von der Armée des Général Charles de Gaulle erobert, durch Entzug der Benzinlieferungen am 8. Juli doch noch von der Army des General Dwight D. Eisenhower – beide Herren Generäle übrigens Nachfahren württembergischer Auswanderer – übernommen werden konnte, wuchs und gedieh die Hauptstadt des 1952 vereinigten Bundeslandes Baden-Württemberg dank des bundesweiten Wirtschaftswunders in nie gekanntem Maße. Die Einwohnerzahl stieg innerhalb eines halben Jahrzehnts von 500 000 im Jahr 1950 auf 600 000 im Jahr 1955.

Die heimische Industrie, und allen voran die Bauwirtschaft erlebte eine beispiellose Hochkonjunktur, die Stadt war eine einzige Baustelle, und keine Woche verging, ohne dass nicht irgendwo zwischen Birkach und Zuffenhausen, Cannstatt und Feuerbach Wohnsiedlungen und öffentliche Gebäude wie Kirchen, Schulen, Kindergärten, Jugend- und Altenheime, Turn- und Festhallen, Bäder und dergleichen mit einer optimistisch euphorischen Ansprache des »Bauernschultes« Dr. Arnulf Klett (1905–1974) feierlich »ihrer Bestimmung übergeben« werden konnten. Manches dieser Bauwerke ist eingedenk der neumodischen Devise »Quantität vor Qualität« aus dem Boden gestampft worden, einer in Stuttgart üblichen und angesichts eines im damaligen Ost-West-Konflikt durchaus denkbaren Dritten Weltkrieges auch vertretbaren Baugesinnung.

Die großen Baustellen der Innenstadt, Stiftskirche, Rathaus, Liederhalle, Königsbau und viele andere indessen harrten noch ihrer Vollendung. Besonders die ungewisse Zukunft der eindrucksvollen Ruine des Neuen Schlosses erregte die Gemüter der Stuttgarter. Während die Spitze der Stadtverwaltung »das alte Glomp« im Verein mit der fortschrittlichen Architektenschaft am liebsten abgerissen hätten, hing die alteingesessene Bevölkerung an dem Prachtbau ihres möglichen Ahnherrn Herzog Carl Eugen und wurde erfreulicherweise von der Stuttgarter Presse in ihrem Kampf nach Kräften unterstützt. Dieser intelligenten Allianz gelang seinerzeit übrigens auch die Verhinderung der obrigkeitlichen Pläne einer Errichtung des Landtagsgebäudes im Rosensteinpark.

Die Folgen der Hochkonjunktur sind natürlich auch auf den Straßen der Stadt nicht zu übersehen. Autohandlungen, Reparaturwerkstätten und Tankstellen sprießen in zeitgemäßer Billigbauweise an allen Ecken und Enden eierkartonförmig aus dem Boden. Es beginnt der bis heute anhaltende »Siegeszug des Automobils«, und in der »Wiege des Motors und Heimat des Kraftwagens« konzentriert sich die Stadtplanung auf die »autogerechte Stadt« mit den bekannten üblen Folgen. Die sich karnickelhaft vermehrenden Automobil, Motorrad, Moped und Motorroller fahrenden Zeitgenossen werden auch in geschlossenen Ortschaften durch keinerlei Geschwindigkeitsbeschränkungen an ihrer »freien Fahrt für freie Bürger« gehindert, und entsprechend hoch ist die Zahl der Verkehrsopfer.

Der ein Erfolgsmodell eines bekannten Zuffenhausener Autoherstellers mit der Nummer S-EL 1 fahrende Oberbürgermeister musste, nachdem er solches mit allen Mitteln jahrelang erfolgreich verhindern konnte, dem Druck der Öffentlichkeit nachgeben und im November 1955 an 50 Stellen im Stadtgebiet die Geschwindigkeit auf 50 Kilometer pro Stunde begrenzen lassen.

Einen Monat zuvor hatte sich der andere bekannte Stuttgarter Autohersteller in Untertürkheim vom internationalen Grand-Prix-

Sport zurückgezogen, nach dem ein Produkt des Hauses im Juni beim Rennen von Le Mans in die Zuschauertribüne gerast war und 85 Menschen in den Tod gerissen hatte. Die legendären Silberpfeile landen im Museum.

In diesem Zusammenhang darf noch berichtet werden, dass im Berichtsjahr 1955 mit der Schulstraße »die erste Fußgängerzone Deutschlands« eingerichtet sowie in der Sophienstraße die erste Parkuhr (die halbe Stunde kostete 10 Pfennige) im Lande aufgestellt wurde.

Eine weitere, heimischem Erfindergeist zu verdankende Technologie ist hier unbedingt noch zu erwähnen. Während die Stuttgarter Kinos dank des deutschen Heimatfilmes vorläufig noch rammelvoll und wahre Goldgruben sind und zahlreiche Filmstars zu Premieren auf die Königstraße kommen, tritt das so genannte »Heimkino« nun ebenfalls einen bisher beispiellosen Siegeszug an. Bei der Eröffnung der »Fernseh-Schau Baden-Württemberg« auf dem Killesberg bezeichnet der Festredner Klett »das Fernsehen als eine der staunenswertesten Errungenschaften unseres Jahrhunderts, Wie das Flugzeug und der Fernsprecher, die Schallplatte, der Film und das Rundfunkgerät erfülle auch die Erfindung des Fernsehens einen uralten, in Märchen und Mythen erahnten und ersehnten Menschheitstraum. Es müsse uns mit Dankbarkeit und mit einem Glücksgefühl erfüllen, dass wir Zeugen einer solchen Entwicklung, einer solchen Großtat des menschlichen Geistes sein dürfen.«

Ende Oktober nimmt der Fernsehsender auf dem Anfang Februar des folgenden Jahres eingeweihten, von Professor Dr. Fritz Leonhardt ersonnenen und dem Architekten Erwin Heinle errichteten ersten Fernsehturm der Welt in Degerloch mit einer Strahlungsleistung von 100 Kilowatt seinen Betrieb auf und versorgt damit das Gebiet zwischen Alb und Unterland, Stauferland und Schwarzwald. Im Fernsehrat des Süddeutschen Rundfunks wird damals bemängelt, »dass die Qualität des deutschen Fernsehprogramms noch zu wünschen übrig lasse. Bei vielen Sendungen habe man den Eindruck der Zufälligkeit und Planlosigkeit, gelegentlich seien auch ausgesprochene Nieten darunter; zum Teil würden aber sehr gute Leistungen, vor allem im Rahmen des ernsthaften Fernsehspiels gezeigt.«

Der 150. Todestag Friedrich Schillers wird ganz groß im Staatstheater mit einer Festansprache des ein Vierteljahr später verstorbenen Nobelpreisträgers Thomas Mann in Anwesenheit des Bundespräsidenten Theodor Heuss gefeiert. Jener kommt sehr häufig nach Stuttgart, so auch zur Eröffnung der »Landesausstellung Baden-Württemberg« auf dem Killesberg, wo er das neue Bundesland als »Modell der deutschen Möglichkeiten« rühmt. Und zur Einweihung des Denkmals für seine 1952 verstorbene Frau Elly Heuss-Knapp im Eichenhainpark.

Bundeskanzler Konrad Adenauer hingegen, dessen dann doch Wirklichkeit gewordenen Wiederbewaffnungspläne Zehntausende von Demonstranten auf die hiesigen Straße treiben, lässt sich in diesem Jahr nicht in Stuttgart blicken. Aber die von ihm in seinen Moskauer Verhandlungen aus Russland heimgeholten deutschen Kriegsgefangenen werden von einer unübersehbaren Menschenmenge auf dem Hauptbahnhof in Empfang genommen, und jeder der Heimkehrer erhält vom Roten Kreuz zwei »Liebesgabenpakete« überreicht. Das größere enthält eine Flasche Cannstatter Zuckerle, schwäbische Wibele, Zigaretten, Käsegebäck und Schokolade. Das kleinere, als Geschenk für die Familie gedacht, enthält eine Flasche Kölnisch Wasser und Seife.

Der einen Freud, der andern Leid, für viele Stuttgarter Familien, in denen Männer, Väter, Söhne, Brüder in Russland vermisst sind, ist mit diesem Tag die bis dahin noch glimmende Hoffnung auf ein glückliches Wiedersehen in der Heimat erloschen.

Stuttgart kommt der Welt näher, die Welt kommt Stuttgart näher. Die taufrische Deutsche Lufthansa, die belgische SABENA, die Swissair nehmen in diesem Jahr am Echterdinger Flughafen ihren Flugbetrieb auf.

Im fernen Princeton stirbt der einst in Cannstatt gezeugte, in Ulm geborene Nobelpreisträger Albert Einstein, der zeitlebens den schwäbischen Dialekt seiner Kindheit geliebt und nie verleugnet hat. Und in Stuttgart stirbt der seinerzeit »wohl bekannteste abstrakte Maler Deutschlands« Willi Baumeister. Und an der Staatsoper debütiert der 25 Jahre zuvor in Kusel in der Pfalz geborene Tenor Fritz Wunderlich in Wagners Meistersingern.

Und erstmals seit dem Krieg wird wieder ein (in braunen Zeiten eingeführter) Karnevalsumzug veranstaltet, von dem Thaddäus Troll zutreffend meinte, ein Leichenzug im Oberland sei relativ lustiger …

Und auf dem Wasen wird das 110. Cannstatter Volksfest eröffnet. Und Wolfgang Bechtle, der allererste »Knitz« der »Stuttgarter Nachrichten«, muss sich über das heurige Treiben bitterlich beklagen: »Das Volksfest 1955 ist ein Tummelplatz für Schläger und Rowdies geworden. Wer sich mit seinen Bekannten in einem Bierzelt niederläßt, muß gewärtigen, angepöbelt und niedergeschlagen zu werden … Ach, man könnte einen Leitartikel schreiben, wie sich die Fröhlichkeit in den letzten Jahren verändert hat, wie geistlos und aufdringlich solche Feste werden, und wie der Pöbel triumphiert. Die allgemeine Besäufnis ist an die Stelle einer witzigen Unterhaltung getreten …«

Anno Domini 1955 ist so manches noch passiert, für das der Platz nicht reicht. Aber dass das kostenlos verteilte »Wochenblättle« damals zur Welt kam, das sei doch noch erwähnt. Und in die Freude und Dankbarkeit mischt sich die Trauer, dass die unvergessene Anni Willmann diesen Jubeltag nicht mehr erleben darf. Sie, die als »Reigschmeckte« von »drüben« kam, hat mehr Freude an dieser Stadt, ihren Menschen und ihrer Geschichte gehabt und geweckt als so mancher Eingeborene. Und so legen wir ihr eine (sehr seltene) Rose, die »Cathérine de Wurtemberg« auf ihr Grab auf dem Ostfilderfriedhof.

Aus den Talen der Provence nach Suevien

Mit sechs Soldatengräbern aus dem Siebzger Krieg, dem Ersten und Zweiten Weltkrieg in Flandern und Frankreich im familiären Umkreis und im Hinterkopf wohnte der Verf. jener historisch gewordenen Ludwigsburger Rede des Generals Charles de Gaulle, des französischen Staatspräsidenten mit württembergischem Migrationshintergrund, bei und war derart bewegt und zutiefst gerührt, dass er an jenem 9. September 1962 spontan beschloss – die Ferien waren ja gerade vorüber – halt im nachfolgenden Sommer mit seinem Schulnebensitzer selbzweit und sechzehnjährig per Bicyclette in das Land des ehemaligen »Erbfeinds« zu fahren, in die auch von Uhland besungenen »Tale der Provence« (wo einst »der Minnesang entsprossen, Kind des Frühlings und der Minne, holder inniger Genossen«), in Vincent van Goghs und Paul Cézannes »Land des Lichts«, in die »Provincia Gallia Narbonensis« mit ihren römischen Arenen, Theatern und Wasserleitungen, nach Orange, Avignon, Tarascon, Les Baux, Nîmes, in die Heimat der Hugenotten und Waldenser.

Bei der Vorbereitung dieser aus heutiger Sicht doch sehr riskanten Radfahrt auf Bundes- und Nationalstraßen las er im damals gerade erschienenen Merianheft »Provence« den Beitrag zur Geschichte der provenzalischen Krippenfiguren, der »Santons«, und entdeckte dann bei der Kirche St. Trophîme in Arles, wo am 30. Juli 1178 unser schwäbischer Landsmann, der Stauferkaiser Friedrich I. Barbarossa zum König von Burgund gekrönt worden war, in einem Andenkengeschäft diese so liebevoll in Handarbeit hergestellten, mit feinsten Pinselchen so präzise bemalten folkloristischen Figürchen aus Terrakotta. Dank einer durch frühmor-

gendliches Zeitungsaustragen gefüllten Reisekasse konnte er dort die ersten, der auf Grund ihrer lohnintensiven und arbeitsaufwändigen Individualproduktion nicht ganz billigen Exemplare, darunter Maria, Josef und das Jesuskind, Ochs und Esel und Engel erwerben und auch heil nach Hause bringen.

Bei weiteren Reisen, per Moped, Anhalter (drei Tage vor dem schriftlichen Abitur verzwaatzelte er schier an der Route Nationale 7 Marseille-Lyon), Bahn und im schönen Citroën, kamen im Laufe der Jahrzehnte das ganze »personal biblique« und auch all die anderen Figuren hinzu, die sich die provenzalische Volksseele zusätzlich zur Weihnachtsgeschichte hat einfallen lassen, die ganzen Handwerksleute, vom Korbmacher über den Kaminfeger bis zum Küfermeister, die Marktbesucher und die Marktbeschicker, die »schönen Arlesierinnen« und die »Guardians«, die »Cowboys« der Camargue auf ihren weißen Pferden und mit ihren schwarzen Stieren, die Musikanten, Spielleute und Tänzer/inne/n der »Farandole« – eine Art provenzalischer »Sirtaki« – und die Trachtengruppen aus ganz Frankreich, von der Normandie über die Bretagne und Touraine bis hin zu den Katalanen und den dem Schwabenstamme zugehörigen Elsässer/inne/n.

Mittlerweile sind genau 357 »Weib-, Männ- und Tierlein« zu einer drei Biertische benötigenden Krippe zusammengekommen. Umrahmt sind diese Santons, »die kleinen Heiligen« der Provence, mit viel heimischem und provenzalischem Grünzeug, darunter Lavendelbüschlein vom Grab des Nobelpreisträgers Albert Camus in Lourmarin, verschönert durch von beglückten Besuchern mitgebrachtem Sand aus dem Heiligen Land und Gestein aus Bethlehem, vom Vesuv, aus Grecchio im Herzen Italiens, wo an Weihnachten 1223 der heilige Franziskus seine Krippe mit lebenden Tieren und Menschen dargestellt hat, aber auch von hier von dr Alb ra, von der supergscheiten Pfälzer Mechthild ihrer Kartause Güterstein bei Urach. Und der Verkündigungsengel steht auf einem Pflasterstein aus Fiorentino in Apulien, wo Barbarossas Enkel, der Stauferkaiser Friedrich II. verstorben ist. Dieser Stein ist beim Aushub für das Fundament der ersten Stauferstele, errichtet zu dessen 750. Todestag am 13. Dezember 2000, ans Tageslicht gekommen. Und der Stall von Bethlehem steht auf dem Vesperbrettle von Thaddäus Troll seligen Angedenkens.

Diese Krippe hat in den letzten Jahren Hunderttausende von Krippenfreund/inn/en angezogen und begeistert, unter anderem im damaligen Landeskirchlichen Museum in Ludwigsburg, im Museum für Brotkultur in Ulm, bei Kardinal Friedrich Wetters Landshuter Krippenweg, ja sogar schon im renommierten Hamburger Museum für Kunst und Gewerbe und in der deshalb so rammelvollen Klosterkirche in Lorch.

Unter uns, die allermeisten Santons hat der Verf. in Montbéliard in der ökumenischen Buchhandlung Siloë erworben, die hat er bei der Einweihung der Pyramide zur Erinnerung an die 600 Jahre alte Verbindung Württembergs mit Mömpelgard anno 1997 entdeckt. Seither hat er sogar einen (provisionsfreien!) Handel aufgemacht, zu seiner umfangreichen Kundschaft zählen sogar Hochschuldekane und Omnibusfahrer, und die 15 % Mengenrabatt, die er freundlicherweise erhält, die wandern schon automatisch in die Renovierung der direkt neben dem Buchladen gelegenen, von seinem Zehnmalurgroßvater Heinrich Schickhardt erbauten Kirche Saint Martin. Haben die guten Mömpelgarder doch bald nach dem Krieg die Hände der Versöhnung über den Rhein gestreckt und anno Domini 1950 die allererste französisch-deutsche Städtepartnerschaft, die Jumelage mit Ludwigsburg geschlossen.

Wie sagte doch Monsieur le Président Charles de Gaulle immer so schön: »Äääs läbööö diiee dooooiiitsch-fraaansööösischeee Froooindschaaaft!«

»Was sind Ehre, Ruhm und Namen?«
s hots no koaner weiter brocht
als bis Sülche'... Amen.«
(Professor Dr. h.c. Josef Eberle alias Sebastian Blau)

»Orden sind nur dazu da, um die zu ärgern, die keinen kriegen.«
(Wilhelm II. König von Württemberg)

Feierliche Fondation der »ACADEMIA SUEVIA«

Aus abgrundzutiefst menschlichen und höchst humanitären Gründen und zum Zwecke und im Sinne einer längst überfälligen Demokratisierung des deutschen Titel- und Ordenswesens, mit Rücksicht auf den Verlust so vieler hoffnungsvoller Politiker/innen durch Aberkennung ihres einst so teuer erworbenen, und eigentlich ja doch zur Förderung der Karriere vorgesehenen Doktortitels und im Hinblick auf die vielfach fahrlässige Verleihung eines Professorentitels des Landes Baden-Württemberg an so herausragende Geistesgrößen wie beispielsweise Herrn Professor Hans Filbinger (wg. Gedächtnisschwund zurückgetretener Ministerpräsident), Herrn Professor Jürgen E. Schrempp (wg. Milliardenverlusten bei der Firma DaimlerChrysler und Multimillionengewinnen auf dem eigenen Konto) oder Herrn Professor Wolfgang Schuster (wg. der eines Walter Ulbricht würdigen Spaltung einer Landeshauptstadt) und nach dem bewährten Vorbild der »Geistigen Landesverteidigung« in unserem zentraleuropäischen helvetischwäbischen Bruder- und Nachbarstaat Schweiz, wurde dieser Tage zu mitternächtlicher Stunde von herausragenden Vertreter/innen der »Wirtembergischen Walhalla« in der Königlichen Grabkapelle auf dem Wirtemberg in aller Stille und unbemerkt von einer sensationsgierigen Sexandcrimerevolverblattjournaille die für das stetig absinkende abendländischen Kultur- und Geistesleben künftig so bedeutsam werdende »Academia Suevia« (»Schwäbische Sozietät der Wissenschaften und Künste zu Stuttgart GbR«) ins Leben gerufen.

Als Ehrenpräsident und oberster Schirmherr des als adäquaten Ersatz für die anno Domini MDCCXCIV (also im Jahr 5555 jüdischer, 1794 christlicher, 1208 islamischer, II französisch-revolutionärer Zeitrechnung) frevelhafterweise aufgehobene Hohe Carlsschule (»Academia Carolina Stuttgardiana«) gedachten und im Rahmen der »Public Private Partnership« gegründeten neuzeitlichen Wissenschaftsbetriebs in Deutsch-Südwest-Germania konnte gewonnen werden:

FRIDERICVS II. IMPERATOR ROMANORVM ET SEMPER AVGVSTVS
REX IERVSALEM ET SICILIE DVX SVEVIE – STVPOR MVNDI
(Gründer der Universität Neapel 1224)

Siegel der Hohen Carlsschule   Siegel der Academia Suevia

Die »Academia Suevia« (»AS«) steht unter dem Protektorat nachfolgender um Kultur, Kunst und Wissenschaften der Herzogtümer Schwaben/Alemannien und Wirtemberg-Teck hoch verdienter Persönlichkeiten:

• Mechthild Pfaltzgräffin bey Rhein, Gräffin von Wirtemberg,
Ertzherzogin von Osterrich
(Initiatorin der Universitäten Freiburg im Breisgau 1457 und Tübingen 1477)

- Eberhardus Barbatus Dux Wirtembergensis et Teccensis
ac Comes Montispeligardi
(Wegbereiter der »Gelehrtenrepublik Schwaben«:
Gründer der Universität Tübingen 1477)

- Christophorus Dux Wirtembergensis et Teccensis ac Comes Montispeligardi
(Wegbereiter der »Gelehrtenrepublik Schwaben«:
Einführung der Schulpflicht 1559)

- Fridericus Carolus Dux Wirtembergensis et Teccensis
ac Comes Montispeligardi
(Gründer des Eberhard-Ludwigs-Gymnasiums 1688)

- Carolus Eugenius Dux Wirtembergensis et Teccensis
ac Comes Montispeligardi
(Gründer der Hohen Carlsschule Stuttgart 1771
als modernster Universität ihrer Zeit 1781)

- Franziska Comtesse Impériale de Hohenheim,
Duchesse de Wurtemberg, Petit Ange
(Gründerin der »Ecole des Demoiselles« in Ludwigsburg 1772)

- Wilhelmus I. Rex Wirtembergiae et Agricolarum
(Gründer der Universitäten Hohenheim 1818 und Stuttgart 1829)

- Sancta Katharina Regina Wirtembergiae
(Gründerin der Universität Hohenheim
und des Königin-Katharina-Stifts in Stuttgart 1818)

- Wilhelmus II. Rex Wirtembergiae Beneamatus
(Gründer des König-Wilhelms-Gymnasiums in Stuttgart 1896)

Für Vorstandschaft und Kuratorium der neu gegründeten altehrwürdigen Traditionsakademie haben sich bisher freundlicherweise die nachfolgenden Käpsele und Geistesheroen gefunden:

- Hermannus Contractus (Altshausen 1013 – 1054 Reichenau)
- Albertus Magnus (Lauingen 1200 – 1280 Köln)
- Johannes Reuchlin (Pforzheim 1455 – 1522 Stuttgart)
- Theophrastus Bombastus von Hohenheim / Paracelsus (Einsiedeln 1493 – 1541 Salzburg)
- Johannes Brenz (Weil der Stadt 1499 – 1570 Stuttgart)
- Heinrich Schickhardt / Leonardo suevicus (Herrenberg 1558 – 1635 Stuttgart)
- Johann Valentin Andreä (Herrenberg 1586 – 1654 Stuttgart)
- Johann Ulrich Megerle / Abraham a Santa Clara (Kreenheinstetten 1644 – 1709 Wien)
- Johann Albrecht Bengel (Winnenden 1687 – 1752 Stuttgart)
- Friedrich Christoph Oetinger (Göppingen 1702 – 1782 Murrhardt)

- Philipp Matthäus Hahn (Scharnhausen 1739 – 1790 Echterdingen)
- Georg Wilhelm Friedrich Hegel (Stuttgart 1770 – 1831 Berlin)
- Friedrich Wilhelm Joseph Schelling (Leonberg 1775 – 1854 Bad Ragaz)
- Ferdinand von Steinbeis (Ölbronn 1807 – 1893 Leipzig)
- Jacob Brodbeck (Plattenhardt 1821 – 1910 Fredericksburg)
- Gottlieb Daimler (Schorndorf 1834 – 1900 Bad Cannstatt)
- Ferdinand Graf von Zeppelin (Konstanz 1838 – 1917 Berlin)
- Wilhelm Maybach (Heilbronn 1846 – 1929 Bad Cannstatt)
- Robert Bosch (Albeck 1861 – 1942 Stuttgart)
- Ludwig Dürr (Stuttgart 1878 – 1956 Friedrichshafen)
- Albert Einstein (Ulm 1879 – 1955 Princeton)
- Karl Maybach (Deutz 1879 – 1960 Friedrichshafen)
- Theodor Heuss (Brackenheim 1884 – 1963 Stuttgart)
- Josef Eberle / Sebastian Blau (Rottenburg 1901 – 1986 Samedan)
- Carl Friedrich Freiherr von Weizsäcker (Kiel 1912 – 2007 Söcking)
- Hans Wilhelm Bayer / Thaddäus Troll (Bad Cannstatt 1914 – 1980 Stuttgart)
- Hansmartin Decker-Hauff (Oberjettingen 1917 – 1992 Stuttgart)
- Martin Hohnecker (Korntal 1939 – 2012 Ludwigsburg)

Leitgedanken der »Academia Suevia«:

I)   »Helfen zu graben den Brunnen des Lebens«
II) »Reichen und Armen, Gscheiten und Dommen, Frommen und gottlosen Gesellen zu Diensten zu sein in allen gleichen, gemeinsamen und redlichen Dingen ohne allen Vorbehalt«
III) Verhindern, dass unser »Land der hellen Köpfe und der geschickten Hände« (Steinbeis) noch weiter zu einem »Land der hohlen Köpfe und der dumpfen Backen« (Raff) absinkt.

Staatstragende bildungspolitische Grundsätze und Ziele der »Academia Suevia«
als sofortiges Nahziel eines mittelfristigen Langzeitprogramms
im Rahmen eines nachhaltigen Sieben-Punkte-Plans:
1.) Chancengleichheit auch für bildungsferne Schichten
2.) Bekämpfung der Cerebralinsuffienz als Volkskrankheit No. 3
3.) Abschaffung der geistigen Tieffliegerei in Politik und Wirtschaft
4.) Schluss mit Hirnerweichung und Herzverhärtung
5.) Weg mit dem Bildungsmonopol der Bildzeitung

6.) Alsbaldige Anhebung des sittlichen und geistigen Nifohs der intellektüllen Unterschicht vom Hilfsschul- auf Hochschulniveau

7.) Flächendeckende Intelligenzifizierung durch tiefgreifende Demokratisierung akademischer Titel

Sinn und Zweck der »Academia Suevia«

– vorbehaltlich der vollautomatischen Anerkennung durch das Bundeskultusministerium in Berlin und die Gesamtdeutsche Rektorenkonsequenz unter dem Vorsitz der Bundesministerin für Bildung und Forschung a. D. Professor Dr. Dr. h.c. mult. Annette Schavan MdB –

ist die gemäß der neuesten Nivellierung des Hochschulgesetzes satzungsgemäß festgelegte:

Ehrenvolle Verleihung von
A) Professorentiteln des Landes Baden-Württemberg
B) Doktortiteln sämtlicher Fäkalitäten
C) Ehrensenatorwürden
D) Abiturszeugnissen
E) Auszeichnungen für Kunst, Wissenschaft, Industrie, Gewerbe und Handwerk

Durchführungsbestimmungen

Zu A) Professorentiteln

Mindestvoraussetzungen:
1) Erfolgreicher Schulabschluss an einer Förderschule
2) Steuerbegünstigte Überweisung
   eines Betrages zwischen 5 und 500 000 €
   auf das Konto 2 071 020 bei der BW-Bank (BLZ 600 501 01)
   zur Errichtung eines Kinderhospizes in Stuttgart
   Kennwort: Academia Suevia
3) Besitz einer Krawatte

Zu B) Doktortiteln

Mindestvoraussetzungen:
Siehe Abschnitt A Ziffer 1 und 2 und 3

Liste der derzeit lieferbaren Titel
Auf Antrag in beliebigen Mengen erhältlich:

- ® Dr. agr. (agriculturae): Doktor der Agrarwissenschaften
- ® Dr. biol. hom. (biologiae hominis): Doktor der Humanbiologie
- ® Dr.-Ing. (Doktor-Ingenieur): Doktor der Ingenieurwissenschaften
- ® Dr. iur. (iuris): Doktor der Rechtswissenschaften
- ® Dr. iur. utr. (iuris utriusque): Doktor »beiderlei Rechte«
- ® Dr. iur. can. (iuris canonici): Doktor der kanonischen Rechtswissenschaften
- ® Dr. math. (mathematicae): Doktor der Mathematik
- ® Dr. med. (medicinae): Doktor der Medizin
- ® Dr. med. dent. (medicinae dentariae): Doktor der Zahnmedizin
- ® Dr. med. vet. (medicinae veterinariae): Doktor der Tiermedizin
- ® Dr. nat. techn. (naturalium technicarum): Doktor der Bodenkultur
- ® Dr. paed. (paedagogiae): Doktor der Erziehungswissenschaften
- ® Dr. pharm. (pharmaciae): Doktor der Pharmazie
- ® Dr. phil. (philosophiae): Doktor der Philosophie
- ® Dr. PH (public health): Doktor der Gesundheitswissenschaften
- ® Dr. rer. biol. vet. (rerum biologiae veterinariae): Doktor der Veterinärbiologie
- ® Dr. rer. cult. (rerum culturarum): Doktor der Kulturwissenschaften
- ® Dr. rer. cur. (rerum curae): Doktor der Pflegewissenschaften
- ® Dr. rer. forest. (rerum forestalium): Doktor der Forstwissenschaften
- ® Dr. rer. hort. (rerum horticulturarum) Doktor der Gartenbauwissenschaften
- ® Dr. rer. merc. (rerum mercantilium): Doktor der Handelswissenschaften
- ® Dr. rer. mont. (rerum montanarum): Doktor der Bergbauwissenschaften
- ® Dr. rer. nat. (rerum naturalium): Doktor der Naturwissenschaften
- ® Dr. rer. oec. (rerum oeconomicarum): Doktor der Wirtschaftswissenschaften
- ® Dr. rer. pol. (rerum politicarum): Doktor der Wirtschafts- und Sozialwissenschaften
- ® Dr. rer. physiol. (rerum physiologicarum): Doktor der Humanbiologie
- ® Dr. rer. publ. (rerum publicarum): Doktor der Verwaltungswissenschaften
- ® Dr. rer. sec. (rerum securitatis): Doktor der Sicherheitswissenschaften
- ® Dr. rer. silv. (rerum silvestrium): Doktor der Forstwissenschaften
- ® Dr. rer. soc. (rerum socialium): Doktor der Sozialwissenschaften
- ® Dr. rer. tech. (rerum technicarium): Doktor der Technischen Wissenschaften
- ® Dr. sc. agr. (scientiarum agrariarum): Doktor der Agrarwissenschaften
- ® Dr. sc. hum. (scientiarum humanarum): Doktor der Humanwissenschaften
- ® Dr. sc. mus. (scientiae musicae): Doktor der Musikwissenschaften
- ® Dr. sc. oec. (scientiarum oeconomicarum): Doktor der Wirtschaftswissenschaften
- ® Dr. sc. pol. (scientiarum politicarum): Doktor der Staatswissenschaften
- ® Dr. sc. soc. (scientiae socialis): Doktor der Sozialwissenschaften
- ® Dr. Sportwiss.: Doktor der Sportwissenschaften

® D. theol. (theologiae): Doktor der Theologie

® Dr. troph. (trophologiae): Doktor der Ernährungswissenschaften

Neugeschaffene Spezialangebote für angehende Akademiker südwestosteuropäischer Provinzienz:

® Dr. rer. merc. fruct. et olusc. (rerum mercantilium fructuum et olusculi): Doktor der Obst- und Gemüsehandelswissenschaften

® Dr. troph. piz. / dön. / gyr. (trophologiae pizza / döner / gyros): Doktor der mediterranen Ernährungswissenschaften

Exglusiefes Sonderangebod für Analphabeten:

X.XXX: Analphabet mit Doktortitel

In Vorbereitung:
Studium universale: Fakultätsübergreifender Fachbereich

® Dr. orch. (orchideologiae): Doktor der Orchideologie

In der Diskussion:
Pränatale Promotionen im Kreissaal

Sämtliche Titel auf Wunsch auch als Dr. h. c. (Doctor hohnoris causa) erhältlich

Staffelpreise bei Abnahme von zwei oder mehreren Doktortiteln auf Anfrage Standesgemäße Promotionsfeier mit Überreichung eines von dem/der Promovend/en/in mitgebrachten Doktorhutes gegen geringen Aufpreis in der Eingangshalle der Universitäten Stuttgart oder Hohenheim möglich

Zu C) Ehrensenatorwürden

Voraussetzungen für die Verleihung eines Senators h. c.:

a) Vollendetes 40. Lebensjahr (sog. »Schwabenalter«)

b) Abschluss eines Bausparvertrages bei den Bausparkassen
1) LBS oder 2) Schwäbisch Hall oder 3) Wüstenrot

c) Senatoren h. c.:
Besitz einer Märklin-Eisenbahn im Wert von mindestens 10 000 € (Neupreis)

d) Senatorinnen h. c.:
Besitz von Original-Steiff-Tieren
im Wert von mindestens 10 000 € (Neupreis)

e) Besitz eines fahrtüchtigen Fahrzeugs aus württembergischer Produktion:
Audi, Maybach, Mercedes, Peugeot, Porsche
Achtung: Für Eigentümer von Fahrzeugen der 1913 von Karl Rapp (Ehingen

1882 – 1962 Locarno) gegründeten Bayrischen Motorenwerke können in begründeten Fällen Ausnahmegenehmigen erteilt werden

f) Besitz eines wenigstens vierundzwanzigteiligen Silberbestecks aus der Produktion der »Württembergischen Metallwarenfabrik WMF« in Geislingen

g) Eventuelle Vorstrafen
   wg. Steuerhinterziehung nicht über zwei Jahre,
   wg. Volltrunkenheit nicht über achtzehn Monate

Sonderkonditionen und Preisnachlässe für zahlende Mitglieder
folgender Nichtregierungsorganisationen (NGO):
»Württembergischer Geschichts- und Alterthumsverein« (1843), »Verein für vatherländische Naturkunde in Württemberg« (1844), »Verschönerungsverein Stuttgart« (1861), »Verein der Württemberger in Berlin« (1869); »Cannstatter Volksfestverein of Philadelphia« (1873), »Schwaben Verein of Chicago« (1878), »Schwäbischer Albverein« (1888), »Verein für Bewegungsspiele Stuttgart« (1893), »Sportverein Stuttgarter Kickers« (1899), »Schwäbischer Heimatbund« (1909), »Verein für württembergische Kirchengeschichte« (1920), »Verein für Familien- und Wappenkunde in Württemberg und Baden« (1920), »Förderverein Schwäbischer Dialekt« (2001)

Es gelten auch hier die Bestimmungen in Abschnitt A Ziffer 1 und 2 und 3

Zu D) Abiturszeugnisse

Problemloser Umtausch von Hauptschulabschlusszeugnissen mit Mindestnote 5 + gegen Numerus-clausus-befreiende Abiturszeugnisse mit Zugang zum Hochschulstudium eigener Wahl

Voraussetzungen:
Migrationshintergrund und Assimilationsbereitschaft
Deutsche Staatsangehörigkeit
Grundkenntnisse der Hip-Hop-Kultur

Zu E) Auszeichnungen für Kunst, Wissenschaft, Industrie, Gewerbe und Handwerk

In Kenntnis der mafidiotischen Strukturen herkömmlicher Jurybesetzungen und im Bewusstsein um die Hebung des persönlichen Selbstwertgefühls bei bisher leer ausgegangenen Preisträger/inne/n und zur Förderung der Imagepflege bei Inhabern von Minoritätskomplexen sowie im Hinblick auf die oft mickrige Höhe konventioneller Preisgelder kann die »Academia Suevia« auf Grund der durch eine innovative mittelständische Wirtschaft als Weltmarktführer hierzulande hervorgerufenen gesunden Ökonomiestruktur und dank eingebautem Inflationsausgleich auf Dauer die höchsten Preisgelder der Welt überreichen.

Ein mit dem japanischen Takeda-Preis ausgezeichneter Wissenschaftler bekommt beispielsweise derzeit rund 900 000 € ausbezahlt, ein/e Nobelpreisträger/in erhält etwa 940 000 €, muss diesen Ehrenzastersold aber in der Regel mit zwei, drei Kamerad/inn/en teilen. Die »Academia Suevica« hingegen vergibt grundsätzlich weltweit die höchsten Preissummen, derzeit eine Summe von 1 000 000 €, und zwar in sämtlichen Kategorien.

Garantie: Sollte dieser Spitzensatz jedoch durch irgendeine Institution oder Person auf dieser Welt überboten werden, bitten wir um Mitteilung. Dann kann und wird die »Academia Suevia« spontan und flexibel reagieren und das Preisgeld unverzüglich sofort gegebenenfalls verdoppeln und, falls nötig, sogar verfünffachen.

Pro Preisträger/in können im Abstand von drei Monaten die untenstehenden, wir wiederholen: höchstdotierten, Preise der Welt in nachfolgenden derzeit verfügbaren Kateorgierien verliehen werden:

Literatur

Der mit 1 000 000 € dotierte Friedrich-Schiller-Preis
Der mit 1 000 000 € dotierte Friedrich-Hölderlin-Preis
Der mit 1 000 000 € dotierte Wilhelm-Hauff-Preis
Der mit 1 000 000 € dotierte Eduard-Mörike-Preis
Der mit 1 000 000 € dotierte Christian-Wagner-Preis

Theologie

Der mit 1 000 000 € dotierte Walahfrid-Strabo-Preis
Der mit 1 000 000 € dotierte Matthäus-Alber-Preis
Der mit 1 000 000 € dotierte Johannes-Brenz-Preis
Der mit 1 000 000 € dotierte Abraham-a-Santa-Clara-Preis
Der mit 1 000 000 € dotierte Dietrich-Bonhoeffer-Preis

Philosophie

Der mit 1 000 000 € dotierte Albertus-Magnus-Preis
Der mit 1 000 000 € dotierte Friedrich-Christoph-Oetinger-Preis
Der mit 1 000 000 € dotierte Georg-Friedrich-Wilhelm-Hegel-Preis
Der mit 1 000 000 € dotierte Friedrich-Wilhelm-Joseph-von-Schelling-Preis
Der mit 1 000 000 € dotierte Walther-Schulz-Preis

Musik

Der mit 1 000 000 € dotierte Friedrich-Silcher-Preis
Der mit 1 000 000 € dotierte Johann-Rudolf-Zumsteeg-Preis
Der mit 1 000 000 € dotierte Konradin-Kreutzer-Preis
Der mit 1 000 000 € dotierte Joachim-Raff-Preis
Der mit 1 000 000 € dotierte Hermann-Reutter-Preis

Malerei

Der mit 1 000 000 € dotierte Konrad-Witz-Preis
Der mit 1 000 000 € dotierte Georg-Friedrich-Zundel-Preis
Der mit 1 000 000 € dotierte Heinrich-von-Zügel-Preis
Der mit 1 000 000 € dotierte Reinhold-Nägele-Preis
Der mit 1 000 000 € dotierte Karl-Hurm-Preis

Bildhauerei

Der mit 1 000 000 € dotierte Veit-Stoß-Preis
Der mit 1 000 000 € dotierte Johann-Heinrich-Dannecker-Preis
Der mit 1 000 000 € dotierte Philipp-Jakob-Scheffauer-Preis
Der mit 1 000 000 € dotierte Fritz-von-Graevenitz-Preis
Der mit 1 000 000 € dotierte Markus-Wolf-Preis

Architektur

Der mit 1 000 000 € dotierte Peter-Parler-Preis
Der mit 1 000 000 € dotierte Heinrich-Schickhardt-Preis
Der mit 1 000 000 € dotierte Reinhard-Ferdinand-Heinrich-Fischer-Preis
Der mit 1 000 000 € dotierte Christian-Friedrich-von-Leins-Preis
Der mit 1 000 000 € dotierte Joseph-von-Egle-Preis

Wirtschaft

Der mit 1 000 000 € dotierte Theodor-Friedrich-Wilhelm-Märklin-Preis
Der mit 1 000 000 € dotierte Margarete-Steiff-Preis
Der mit 1 000 000 € dotierte Gebrüder-Gottlieb-und-Wilhelm-Benger-Preis
Der mit 1 000 000 € dotierte Wilhelm-Bleyle-Preis
Der mit 1 000 000 € dotierte Robert-Bosch-Preis

Technik

Der mit 1 000 000 € dotierte Philipp-Matthäus-Hahn-Preis
Der mit 1 000 000 € dotierte Gottlieb-Daimler-Preis
Der mit 1 000 000 € dotierte Graf von Zeppelin-Preis
Der mit 1 000 000 € dotierte Wilhelm-und-Karl-Maybach-Preis
Der mit 1 000 000 € dotierte Artur-Fischer-Preis

Mathematik, Physik und Chemie

Der mit 1 000 000 € dotierte Michael-Stifel-Preis
Der mit 1 000 000 € dotierte Carl-Bosch-Preis
Der mit 1 000 000 € dotierte Tobias-Mayer-Preis
Der mit 1 000 000 € dotierte Wilhelm-Gottlieb-Rappolt-Preis
Der mit 1 000 000 € dotierte Carl-Friedrich-Freiherr-von-Weizsäcker-Preis

Medizin

Der mit 1 000 000 € dotierte Paracelsus-Preis
Der mit 1 000 000 € dotierte Johann-Ferdinand-Heinrich-von-Autenrieth-Preis
Der mit 1 000 000 € dotierte Staatsrat-Wilhelm-von-Ludwig-Preis
Der mit 1 000 000 € dotierte Erwin-Bälz-Preis
Der mit 1 000 000 € dotierte Albrecht-Kolbus-Preis

Weitere Preise auf Anfrage
Weitere Vorschläge willkommen

In Vorbereitung
Landesverdienstkreuz Baden-Württemberg mit Schulterschleife, Stern und Rückstrahler

Auf Wunsch und bei Bedarf auch für Bayern, Mecklenburg-Vorpommern, Nordrhein-Westfalen, Rheinland-Pfalz, Sachsen-Anhalt und Schleswig-Holstein erhältlich

Preisverleihungsfeierlichkeiten

(Mindestens zweimal jährlich)

Sämtliche Preise werden in dem mit rund 60 000 Personen vollbesetzten Stuttgarter Gottlieb-Daimler-Stadion (Mercedesstraße 87 in 70372 Bad Cannstatt) – jeweils in der Halbzeit der Heimspiele des VfB Stuttgart gegen Bayern München und Borussia Dortmund, im Bedarfsfall auch Schalke 04 und Bayer Leverkusen – in Anwesenheit und Geistesgegenwart des früheren Kultusministers des Landes Baden-Württemberg, Herrn Professor Dr. h.c. mult. Gerhard Mayer-Vorfelder, und Beisein fakultativ weiterer sich im VIP-Bereich aufhaltender Geistesheroen, feierlich überreicht.

Agenda und Ablauf der akademischen Feier:

Die angemeldeten Preisträger/innen erwerben eine preisgünstige Stehplatzkarte im Vorverkauf und überreichen dann zuvor dem dafür zuständigen und dienstlich anwesenden Vertreter der »Academia Suevia« diskret einen Umschlag mit einem darin enthaltenen ordnungsgemäß ausgefüllten Überweisungsträger, beziehungsweise einen, im Notfall gerne auch ungedeckten, Scheck in Höhe von mindestens 1 000 000 €. (Bitte kein Bargeld, und wenn, nur registrierte Scheine!) Der direkt daneben stehende, von der »Academia Suevia« eigens zu diesem Actus vereidigte und eingesetzte und deswegen bereits vorab kostenlos mit einem Professoren- und zwei Doktortiteln versehene »Volksbeauftragte für das Gratulationswesen« übernimmt den Umschlag, beschriftet ihn mit dem Namen des/der Preisträger/s/in und überreicht ihn diese/m/r mit einem kräftigen Händedruck und einer maximal zehnsekündigen Ansprache.

Gegen einen zuvor in gültigen Banknoten zu übergebenden Aufpreis von 100 € kann zusätzlich eine kalligraffisch gestaltete Urkunde (ohne Rahmen) ausgehändigt und die Glückwunschrede um bis zu 100 % verlängert werden. Für eine eventuelle Bekanntmachung der Ehrung in dem unmittelbar neben den Traueranzeigen gelegenen Glückwunschteil der Stuttgarter Zeitung und Stuttgarter Nachrichten und weiteren landestypischen Presseorganen (ausgenommen BILD und BAMS) gelten die tagesaktuellen Anzeigenpreise.

Mit dem Augenblick der Rückübergabe des Umschlages an den/die Geehrte/n ist die Verleihung rechtskräftig und kann das Stadion auf Wunsch noch rechtzeitig vor Anpfiff der 2. Halbzeit verlassen werden.

Salve Moritz!

(Ein anno 2004 geschriebener, leider unveröffentlicht gebliebener Brief an den für seine überparteilichen Unter- und Hintergrundkontakte und seine überparteiliche, aber zielgerichtete Freigiebigkeit ab- und zufällig bundesweit bekannt gewordenen Polit-P(ublic)R(elation)-Berater Moritz Hunzinger, der für so manchen aus seiner namhaften Klientel hochverdienendermaßen zum großen Problem geworden ist und durch sein nicht ganz selbstloses Wirken unfreiwillig etliche so hoffnungsvoll begonnene, kor- und abrupt beendete Karrieren unter seiner Kundschaft auf dem Kerbholz hat.)

Hochverehrter, hochspendabler, hochherziger Herr Hunzinger! Lieber potenter, potenzieller Freund Moritz vom Main!

Du »edle Seele des Westens« in Goethes Vaterstadt Frankfurt, ich darf als Millionenspenderkollege doch »Du« zu Dir sagen?

Eingedenk Deiner mit mir gemeinsamen Lebensdevise: »Ich helfe jedem, dem ich nur helfen kann«, möchte ich mich nun, nachdem ich schon so vieles über Dich und Dein segensreiches Wirken in den Medien erfahren durfte und jetzt dank Deines ungewöhnlichen Mäzenatentums mit Dr. Walter Döring der einzige gebürtige Degerlocher aus dem Kabinett Teufel herausgeschleudert wurde, vertrauensvoll an Dich wenden.

Bitte, bitte, lieber Moritz, wo immer Du Deinen geldscheißenden Esel im Stall stehen hast, wisse, dass Du Deinen Spendensegen noch maximieren kannst.
Denn Du machst meiner Meinung nach folgende zwei elementare Fehler:

Erstens, Du spendest immer hählenge und hintenrom, so dass unnötig viele Arbeitswochen in der Justiz – und damit Steuergelder – vergeudet werden müssen, bis Deine Wohltätigkeit in der dankbaren Presse und nur über sie in der Öffentlichkeit bekannt wird. Mit dem in Frankfurt vorübergehend so glücklich gewordenen Landsmann Friedrich Hölderlin möchte ich Dir daher zurufen: »Komm ins Offene, Freund!« Es hält heute doch jeder kleine Sparkassendirektor seinen, wenn auch noch so bescheidenen, aber überdimensionalen Spendenscheck freudig grinsend in die Kamera, warum nicht auch Du, mein Freund Moritz?

Zweitens, Du handelst viel zu sehr nach dem überholten altschwäbischen Prinzip:
»Dr Deifel scheißt uff dongte Äcker!«
Deine Zielgruppe hat Dein Geld doch gar nicht nötig. Ist denn der so hoch dotierte Herr Minister Rudolf Scharping tatsächlich so bedürftig gewesen, dass Du ihm wie weiland Sankt Martin all die vielen teuren Anzügle und Krawatten schenken musstest? Und, glaubst Du wirklich, dass der aus der Rhetorikerschule von Heinrich Lübke hervorgegangene Redner Rudolf und all die anderen von Dir so überreichlich unterstützten Schlummerschwätzer ihr und Dein Geld für ihre Vorträge wirklich wert sind? Dass dessen von Dir vorab so hoch bezuschussten Memoiren, außer vielleicht der Gräfin Pilati, sonst noch irgend jemand interessiert und gelesen hätte? Oder dass der jetzt mittlerweile dankenswerterweise vom Europaparlament ernährte turkosuevische Landsmann Cem Özdemir statt Deiner, doch wahrlich besser einen Steuerberater zum Kumpel gehabt hätte? Oder dass unser wegen Dir gegangen wordener Wirtschaftsminister Dr. Walter Döring von unserem reichen Ländle so ärmlich entlohnt wurde, dass Du ihm unter die Arme, und damit letztlich an die Gurgel greifen musstest?

Lieber Freund und Stifterkollege Moritz, lass Dir doch von mir, der ich an Neujahr in aller Stille mein 25-jähriges Betriebsjubiläum als stellungsloser, nulltariflich besoldeter Historiker begehen konnte, raten: Schmeiß Dein Geld doch nemme zom Fenster naus.

Gib's lieber mir. Ich brauch's nämlich derzeit grad dringend:
Für das neben der mit »Hie gut Wirtemberg allewege II« gestifte-
ten Pilgerherberge in La Faba gelegene, einsturzgefährdete St. An-
dreaskirchlein am spanischen Jakobsweg
Für das im sauren Regen verbröselnde Ulmer Münster
Für die Renovierung der Schloss- oder Sophienkirche im vorm.
württ. Carlsruhe in Schlesien
Für den Hohen Dom in Freund Loriots Vaterstadt Brandenburg
an der Havel
Für die Vollendung der Frauenkirche in Dresden
Für die Deutsche Knochenmarkspenderdatei in Tübingen
Für die Christoffel-Blindenmission in Bensheim
Für die Kindernothilfe in Duisburg
Für Brunnen in der Sahelzone
Für fönfhondertfuffzich andere kulturelle und soziale Projekte
zwischen Sankt Petersburg und Rio de Janeiro,
vom Sudan bis Soweto

Bitte melde Dich, dann kriegst Du sofort die Kontonummern.

Mit kollegialem Gruße ond bleib xond!
Dein Degerlocher Duzfreund
Dr. Gerhard Raff

P.S.: Vielleicht könntest Du aber ausnahmsweise doch noch (falls
noch nicht geschehen) dem Herrn Ministerpräsidenten Erwin T.
von Reitzenstein eine Spende hählenge zukommen lassen, damit
der am Ende nicht auch noch so lang regiert wie der Adenauer.
Seine schon mit den Hufen schärrenden Diadochen im Ländle
werden es Dir sicherlich mit einem Bundesverdienstkreuz und
weiteren Wohltaten danken. Wie wär's beispielsweise mit einem
Professorentitel?

Geburtstagsgruß an M. Rommel 2008:

Höchstverehrter, hoch geehrter, hoch gelehrter,
theuerwerter Kolumnistenkollege
und Mit-»Ritter zum Krummen Balken«
und »Ritter der Ehrenlegion«
und Ritter des »Ordens wider den tierischen Ernst«
und »Ritter-Sport-Schokoladen-Liebhaber«
Professor Dr. h. c. mult.
Manfred Rommel!

Namens der vom Ex-Vorstandsvorsitzenden der Cannstatter Befreiungsbewegung (CBB) Dr. phil. Thaddäus Troll (1914–1980) mit dem auf Seite 234 abgebildeten Dienstsiegel beschenkten, in der Exilregierung Degerloch zusammengeschlossenen autochthonen Kräfte des von Stuttgart 1908 nach bewährtem chinesischem Muster einkassierten und seither rastlos zubetonierten Dorfes Degerloch auf den ebensolchen Fildern darf ich Ihnen im schönsten Amtsblattdeutsch als gegenwärtig bedeutendstem, da bestbezahltem Vertreter der »Schwäbischen Dichterschule« zur – bei den politischen Führerpersönlichkeiten Ihrer Kindheits- und Jugendjahre sowie den Lebensmittelchemikern und Kernkraftwerksbetreibern unserer Tage nicht eben selbstverständlichen – glücklichen Erreichung des zwiefachen Schwabenalters unsere allerherzlichsten Glückwünsche aussprechen, ohne dass dies jedoch de jure oder de facto als Anerkennung der völkerrechtswidrigen Annexion resp. Zwangseingemeindung unseres »stadtbezirklichen Gemeinwesens« mit der PLZ 70597 gewertet werden kann.

Zur Vollendung Ihres 70. Lebensjahres habe ich Ihnen bekanntlich eine sinnigerweise aus afrikanischem Schwarzmarmor geschaffene Gedenktafel an Ihr Geburtshaus in der Landhausstraße hingeschwätzt. Die dazu notwendigen Verhandlungen mit der Gemahlin des Erben ihres Geburtshauses haben mir die ersten grauen Haare meines Lebens eingebracht, unseres im Irrenhaus geendeten Kollegen Conrad Ferdinand Meyers eingedenk: »Ergraut, dem gestern dunkelbraun sich noch gekraust das Haar ...«

Als dann acht Jahre später ein polizeibekannter Unbekannter die Tafel samt Geburtshausfassade und Trottoir nächtens mit Farbe verunstaltet hatte, erreichte mich das Wutgeschrei besagter Dame telefonisch auf dem Krankenbett des Königin-Katharinenspitals just in der Woche zwischen Herzinfarkt No. II und No. III und ließ mich vollends ergrauen ...

Auch angesichts dieser üblen Erfahrungen möchte ich Ihnen aus lauter Verehrung Ihres herausragenden geistigen und politischen Schafens nihilotrotzquam unter gewissen Voraussetzungen (Stiftung einer Stauferstele in Manfredonia für Ihren Namenspatron König Manfred von Sizilien † 1266, natürlicher Sohn von Kaiser Friedrich II. † 1250) auch zum 80. Geburtstag ein herausragendes Denkmal, diesmal direkt im schönen Schlossgarten auf dem ehemaligen Ingenhoven-Gelände in Sichtweite der Graf-Eberhard-Gruppe, errichten lassen.

Es soll (in deutscher, holländischer, dänischer, norwegischer, schwedischer, finnischer, lettischer, ungarischer, tschechischer, polnischer, englischer, französischer, italienischer, lateinischer, spanischer, portugiesischer, slowenischer, kroatischer, serbischer, mazedonischer, griechischer, hebräischer, türkischer, kurdischer, arabischer, aramäischer, afrikaansischer, kanaanitischer, kisuahelischer, russischer, mongolischer, japanischer, vietnamesischer, koreanischer, chinesischer und schwäbischer Sprache) die optimalistische Inschrift tragen:

200

»DIE STUTTGARTER BÜRGERSCHAFT
IN EWIGER DANKBARKEIT UND VEREHRUNG
IHREM ALT-OBERBÜRGERMEISTER MANFRED ROMMEL

DER AN HEILIGABEND MCMXXVIII GEBORENE SOHN DES
GENERALFELDMARSCHALLS ERWIN ROMMEL UND SEI-
NER EHEFRAU LUCIA MARIA GEBORENE MOLLIN HAT IN-
FOLGE DES MIT DER VOLLENDUNG DES ZWIEFACHEN
SCHWABENALTERS VERBUNDENEN LANDESÜBLICHEN
DOPPELTEN INTELLIGENZIFIZIERUNGSCHUBES SEINEN
POLITISCHEN ZIEHSOHN UND NACHFOLGER WOLF-
GANG SCHUSTER MIT HILFE VON BUTTERBREZELN*
DAZU GEBRACHT, IN DER HAUPTSTADT DES MUTTER-
LANDES DER DEMOKRATIE DAS CHA-IDI-OTENPROJEKT
STUTTGART 21 AUFZUGEBEN UND DAMIT WESENTLICH
ZUR RETTUNG DES INNERSTÄDTISCHEN FRIEDENS UND
DER STAATSFINANZEN BEIGETRAGEN UND TAPFER DIE
HIRNRISSIGE ZERSTÖRUNG DES BONATZ-BAHNHOFES
UND DER KÖNIGLICHEN ANLAGEN VERHINDERT«

Die Finanzierung dieses dem Kaiser-Wilhelm-Reiterstandbild auf
dem Karlsplatz durchaus adäquaten Gedenksteines wird keinerlei
Probleme bereiten, stehen doch zahllose von Ihrem Nachfolger
bitterlich enttäuschte aufrichtige Landsleute und intelligente Zeitgenossen und nunmehr endlich nicht mehr melancholische Mitbürgerinnen und Mitbürger mit gezücktem Geldbeutel bereit,
nachdem dieser den längst veramtsschimmelt gewähnten Laden-
hüter Stuttgart 21 wieder aus der Versenkung herausgeholt hatte.

In der stillen Hoffnung, dass Sie mir nun doch auch noch gleich
verzeihen, dass ich mich anno 1991 aus terminlichen Gründen
weigern musste, bei Ihrer ehrenvollen Erhebung zum »Ritter zum

---

* »Der Schwaben Klugheit ist kein Rätsel. / Die Lösung heißt: Die Laugenbrezel. / Schon
trocken gibt dem Hirn sie Kraft. / Mit Butter wirkt sie fabelhaft. / Erleuchtet mit der
Weisheit Fackel, / den Verstand vom größten Dackel.« (Manfred Rommel in: Eiserne Ra-
tion für furchtlose und treue Württembergerinnen, Stuttgart 2003 Seite 204)

Krummen Balken«** durch den »Hohen Lügenrat« der Stadt Vellberg als Ihr Laudator aufzutreten und stattdessen ersatzweise Ihren Mentor (von lat. mentiri = lügen?) und väterlichen Freund Filbinger vorgeschlagen habe mit dem dezenten Hinweis, dass der doch »schon mehrfach in aller Öffentlichkeit bewiesen hat, wie gut er lügen kann.«

Ad multos annos!

Hochachtungsvoll
Dr. Gerhard Raff
Degerloch a. d. F.
»Ritter zum Krummen Balken« 1989

** Auszeichnung für den »Lügenbeutel des Jahres«. Weitere, Raff und Rommel nachgefolgte Ritter sind unter anderem Thomas Schäuble 2002, Achim Plato 2004, Reinhold Würth 2005, Oliver Storz 2006, Hellmuth Karasek 2007.

Ein schweres schwäbisches Schicksal

Unser Kolumnist erinnert/e in der 750. Folge von »Raffs Raritäten« an den vor 100 Jahren in Stuttgart geborenen Dichter und Mechanikermeister Ludwig Lauterwasser.

Der Verfasser, nach insgesamt bisher 3,9 »wohltätigkeitsgschaftelhubereibedingten Herzinfarkten« nur dank göttlicher Gnade und ärztlicher Kunst noch unter den Lebigen, weilt derzeit aus gesundheitlichen Gründen fern der Heimat im sonnigen, antipodischen Australien und hat zu seinem unlängst gleichzeitig mit dem um 20 Jahre älteren Fidel Castro begangenen Senilitätsgedenktag einen Gutschein für einen Opernabend in Sydney geschenkt bekommen. Und wenn er diesen nun einlösen darf, wird er dankbar an die vielen, vielen aufrichtigen, weitsichtigen und tapferen Nesenbachtalbewohner und an seinen väterlichen Freund und Förderer Thaddäus Troll selig denken und wird, wie einstmals der global tätig gewesene Asperger Eiskastenfabrikant Carl Fink, zu sich selber sagen müssen: »O Kerle, du bisch doch an Allmachtsbachel, jetz hocksch du am Sonntich en Sidnei rom (en dr Oper) ond drhoim soll mr d'Beem schitze (em Schlossgarte)!

Und er gedenkt voller Wehmut seines Landsmanns und Dichterkollegen Ludwig Lauterwasser aus dem ältesten Stuttgarter Uradel, geboren unter Oberbürgermeister Heinrich von Gauß und Ministerpräsident Carl Hugo von Weizsäcker am 6. September 1910 im edlen Bohnenviertel, getauft in der damals noch unzerstörten Leonhardskirche. Ältester Sohn des Boscharbeiters und Feierabendweingärtners Karl Wilhelm Lauterwasser (1885–1918) und seiner Ehefrau Katharina Pauline, geborene Ortlieb (1887–1953). Mit einem Jahr erhält er dann den grundanständigen Carl

Lautenschlager als »Stadtschultheiß der Königl. württ. Haupt-
und Residenzstadt Stuttgart« über sich. Mit sieben Jahren als Erst-
klässler schenkt ihm der demokratische und von seinen Würt-
tembergern mit Recht so heiß geliebte König und Bonatzbahn-
hoferbauer Wilhelm II. immer wieder mal ein Bombole oder
Schoklädle auf dem Schulweg. Kurz vor der Kapitulation in Com-
piègne ist sein Vater noch in Flandern für »Kaiser, König und Vaterland« gefallen. Die Mutter muss jetzt die fünfköpfige Familie
als Näherin alleine durchbringen. Mit dem erhofften Besuch der
König-Wilhelms-Oberrealschule in der Hohenheimer Straße
wird es nun natürlich nichts. Nach der Konfirmation beginnt er
eine Mechanikerlehre beim Bosch. Dieser soliden Stuttgarter
Weltfirma ist er – von weltgeschichtlich bedingten Unterbrechun-
gen abgesehen – bis zu seiner Pensionierung im »Europäischen
Jahr des Denkmalschutzes« 1975 treu geblieben.

Erhält dann 1933 zwangsweise ein nationalsozialistisches Stadt-
oberhaupt namens Karl Strölin und nach den demokratischen
Ministerpräsidenten Wilhelm Blos, Johannes Hieber, Edmund
Rau, Wilhelm Bazille und Eugen Bolz nunmehr einen Gauleiter
Wilhelm Murr als Reichsstatthalter und einen Kultminister Christian Mergenthaler als Ministerpräsidenten vor die Nase gesetzt.
Und im Herbst 1934 steht er unter den (nach Polizeiangaben sie-
bentausend) aufrichtigen und tapferen Stuttgarter Protestanten
am Silberbuckel und protestiert mit dem Lutherlied »Ein feste
Burg ist unser Gott« gegen den von den neuen Machthabern ver-
fügten Hausarrest seines Landesbischofs Theophil Wurm. Anno
1939 muss er seinen ölverschmierten grauen Mechanikerkittel
gegen eine feldgraue, bald blutrotverschmierte Uniform eintau-
schen und 1941 vom Hauptbahnhof aus in Richtung Russland
rollen und darf erst 1955 dank Adenauer und Bulganin aus seiner
sibirischen Gefangenschaft via Friedland wieder auf dem dank
schwäbischer Qualitätsarbeit im Bombenhagel stehen geblie-
nen Bahnhof einfahren.

Mittlerweile war nämlich seine und all seiner Altvordern wunderschöne Vaterstadt samt Leonhards-, Stifts- und Hospitalkir-

che und Altem und Neuem Schloss in Schutt und Asche gesunken, der Krieg verloren und die Schuldigen hatten entweder Selbstmord begangen (Murr) oder einfach ihre schöne Pension verzehrt (Mergenthaler & Strölin). Stattdessen gab es nun für eine kleine Ewigkeit den Oberbürgermeister Arnulf Klett und nacheinander die Ministerpräsidenten Reinhold Maier, Gebhard Müller, Kurt Georg Kiesinger, und dann anno 1966 leider nicht den jungen Richard von Weizsäcker, sondern den Filbinger, und als der wegen Cerebralinsuffizienz zurücktreten musste und daraufhin zum Trost mit einem Professorentitel des Landes Baden-Württemberg beschenkt wurde, gab's den Lothar Späth, nach dessen Rücktritt wg. seiner Segeltouren den dann wg. zunehmender Taubheit und Beratungsresistenz aus dem Amt entfernten Teufel, dann den wg. seiner hervorragenden Fremdsprachenkenntnisse nach Brüssel hinaufbeförderten Günther H. Oettinger, und jetzt den Stuhlsägermeister Mappus. Alle diese Herrschaften (mit Ausnahme des Letztgenannten) hatte der schwäbisch pietistisch veranlagte Lauterwasser aus lauter Dankbarkeit gegenüber seinem Befreier Adenauer und traditionsgemäß immer treu und geduldig gewählt.

Anno 1966 aber hat er dem Oberbürgermeister Klett zur Strafe seine Stimme entzogen und stattdessen für den Gegenkandidaten Manfred Nopper gestimmt, weil der Klett und sein Bauigel Hoss ja allen Ernstes das Neue Schloss abreißen wollten (was die aufrichtigen Stuttgarter, vorne dran der Theodor Heuss, der Reinhold Maier und der Josef Eberle samt der vereinigten Stuttgarter Presse gottlob verhindert haben) und das malerische Kronprinzenpalais am Schlossplatz tatsächlich trotz aller Proteste abgerissen haben. Und hat dann 1974 aus lauter Ehrfurcht den Sohn des Generalfeldmarschalls Erwin Rommel aufs Rathaus gewählt – obwohl der doch für den Denkmalschutz grad so viel übrig hatte wie etwa der Josef Ratzinger für die Ökumene, für Kondome oder gar für Frauen in der Soutane.

Er wählt dann 1996 auf Rommels Vorschlag hin brav und ohne nachzudenken dessen ähnlich veranlagten und oratorisch ebenso begabten Ziehsohn Schuster auf den Schultheißensessel, hat diesen aber doch bald als »die personifizierte Rache der Freien Reichsstadt Ulm für die 1810 unter Napoleon durchgedrückte Zwangsangliederung an das Königreich Württemberg« durchschaut und hat seither »gelitten wie ein Hund« (Zitat: Transrapidfan E. Stoiber).

Und als nun ausgerechnet an Ulbrichts Mauerbaugedenktag brutale Bagger am Bahnhof anrückten, um dem sogar in den schrecklichsten Bombennächten des Zweiten Weltkrieges kaum zerstörten potentiellen Weltkulturerbe den Garaus zu machen, da beschloss der Urstuttgarter, wie aus seinem Abschiedsbrief hervorgeht, ehe ihn der Schlag trifft, und um wie sein geliebter König Wilhelm II. nicht in Stuttgart in die Grube zu müssen, eine allerletzte Fahrkarte der Deutschen Bahn zu erwerben und rechtzeitig vor seinem 100. Geburtstag (mit drohendem OB-Geburtstagsstrauß) auf der Suche nach dem Schlachtschiff der Bundesmarine namens »Zerstörer Rommel« in aller Stille in der See abzutauchen und ist bis heute verschollen. Von der berufsbedingt überforderten Polizei in der Vermisstensache Lauterwasser ermittelte Mitreisende auf der Magistrale Stuttgart – Kiel erinnerten sich an einen freundlichen älteren Herrn, der ab und zu den Spruch »Baumeister Bonatz statt Mistbauer Ingenhoven!« gebetsmühlenhaft vor sich hinmurmelte und auffallend oft das Liedchen »Heimerle, Heimerle, hab kein Geld!« leise vor sich hinsang.

In seinem Nachlass fand sich eine ganze (Salamander-)Schuhschachtel (Achtung Marbach!) voll bisher unveröffentlichter, gehaltvoller Dramen und Verse zur Stuttgarter Stadtgeschichte. Zuöberst lag als Opus ultimus sein Poem:

»Stuttgart 00
Grube, Mappus, Schmiedel, Schuster!
Ihr schlimmen Schnakenhuster!
Schmeißet doch den doofen
Plan vom Ingenhoven
In den Kachelofen!«

Das von ihm überarbeitete Gedicht »Des Sängers Fluch« von Ludwig Uhland hatte er bereits Tage zuvor als Abschiedsgeschenk an seine Stuttgarter am Bauzaun befestigt:
»Weh Dir, verruchter Schultes! Du Fluch des Bürgertums!
Dir zeig ich dieses Bahnhofs entstelltes Angesicht!
Weh Dir, des Schlosses schöner Garten!
Der Du nunmehr verdorrest, weil jeder Quell versiegt.
Der in künft'gen Tagen versteint, verödet liegt!«

Bereits 2012 wird der neue Oberbürgermeister dem weisen, begnadeten Dichter posthum die Bürgermedaille der Stadt Stuttgart und den Literaturpreis der Landeshauptstadt verleihen.

Ludwig Lauterwasser
hat sich um seine Vaterstadt verdient gemacht.

R.I.P.

Mein Freund:
der Baum, der Leser, der Polizist

Im Andenken an den mit seinem Motorrad
so tragisch verunglückten Stuttgarter Polizeipräsidenten
Thomas Züfle (1955–2013):
»Kurz vor seinem Unfalltod sagte er in einem Interview mit dem
Bahnmagazin ›Bezug‹, er habe natürlich eine Meinung zu Stuttgart 21. ›Der Mensch Thomas Züfle behält seine Meinung bis alles
vorbei ist, jedoch für sich.‹ Als Polizeipräsident sei er ohnehin, wie
die ganze Polizei »zur Neutralität verpflichtet.‹ Weggefährten Zü-
fles berichten, er habe in internen Gesprächen großes Verständnis
für die Gegner des Projekts gezeigt.«
(»Stuttgarter Zeitung« vom 21. 8. 2013)

Geschrieben nach dem »Schwarzen Donnerstag«
30. September 2010

Unser Kolumnist erinnert heute an die in der vergangenen Woche
abgesägten jahrhundertealten Bäume im königlich württembergischen Schlossgarten.

Der »unduldsame und wohlstandsverwöhnte« Verfasser, der seinen stadtbekannten Status als »Multimillionenstifter mit Minimaleinkommen« seiner »frechen, aber segensreichen Gosch«
wegen fast nur noch mit der Abfassung einer wöchentlichen Kolumne für das Ihnen all Morgen ganz frisch und neu vorliegende
»Zentralorgan der intellektuellen Elite von Mittlerem Neckar-
raum und Nesenbachtal« aufrecht erhalten darf, hat in glücklichen, gesunden Tagen bei nahezu jeder seiner jährlich bis zu 261
sogar minustariflichen, da spesenfreien »Benefizschwätzereien«

zwischen Berlin und Luzern nie ein Hehl daraus gemacht, dass für ihn der evolutionäre Übergang vom darwinistischen Affen zum göttlichen Menschen unzweifelhaft an der regelmäßigen Lektüre einer seriösen Tageszeitung abzulesen ist. Und er hat bei solchen Gelegenheiten so manchen neuen Abnehmer dieses papiernen Premiumproduktes gewinnen können, das er selber, seit er lesen und denken kann, allmorgendlich verschlungen hat und vielleicht hoffentlich noch eine Weile verschlingen darf. Und nur nebenbei, selbiges auch fast zwei Dutzend Jahre lang frühmorgendlich in Degerlocher Briefkästen gesteckt hat. (»Herr Doktor, Siiieee tragen Zeitungen aus?!«»Ja, wie alle amerikanischen Milliardäre am Beginn ihrer Laufbahn!«).

Umso mehr schmerzt es ihn, wenn seit geraumer Zeit immer mehr Telefonate und Briefe ankommen, wie auch heute wieder, des Inhalts, man habe der »einseitigen Berichterstattung in Sachen Stuttgart 21« oder »unterdrückter Leserbriefe« wegen das Abonnement der StZ bereits gekündigt oder wolle es jetzt kündigen. Und es bedarf zum Heulen keines Extra-Einsatzes von Tränengas und Pfefferspray, wenn bei den erfreulicherweise immer beliebteren Versammlungen des friedlichen Stuttgarter Bürgertums im geschändeten Schlossgarten neben so berechtigten und intelligenten Schreien wie »Oben bleiben!« oder »Lügenpack!« oder »Mappus weg!« neuerdings – wie leider schon gelegentlich geschehen – auch der recht rüpelhafte Ruf »Abbestellen! Abbestellen!« massenhaft skandiert wird.

Bitte, bitte, ihr lieben bezahlten Berufsdemonstranten, nicht diese Töne, diese Töne nicht! Habt Ihr denn wirklich schon vergessen, wie uns die Stuttgarter Zeitungen geholfen haben seinerzeit, als die Spitze der Stadtverwaltung allen Ernstes das im Krieg ausgebombte Neue Schloss abreißen wollten?! Oder, um nur ein weiteres von tausend Beispielen zu nennen, eine kritische Presse dieser Trottel Trump-Tower gar nicht erst aus dem Boden des Pragsattels sprießen ließ?! Und wer hat denn so manche Mauschelei, so manches verschwiegene Gutachten ans Licht der Sonne geholt?! Und denkt doch mal tief nach, wenn älle so dächten, dann gäbe es ja auch älle die genialen Karikaturen der Kollegin Friede-rike Groß nicht mehr, die so schön den ebenso kunst- wie geistvoll gestalteten Bauzaun am bürgerkriegszerstörten Bahnhofsnord-flügel zieren und die sie bewachenden sympathischen, redseligen, vormals teilweise sogar tapfer Anti-S21-Anstecker tragenden Poli-zisten* beiderlei Geschlechts mit den Stauferlöwen auf dem Ärmel so sehr erfreuen, dass sie auf meinen deeskalierenden Vor-schlag hin »Verhaftet doch oifach den Mappus, no hend Ihr Euer Rueh ond könnet endlich hoim« überraschenderweise lächelnd mit »Aber gern, sofort, wo isch'r?« antworten konnten.

Leider wurde der zeitlebens königstreue Verfasser in dem unserem angestammten demokratischen Königshaus zu verdankenden Schlossgarten auch von dem »Sprühregen« der von den Spitzen der Landesregierung gegen ihre treue Ex-Wähler- und brave Bür-gerschaft eingesetzten Wasserwerfer getroffen, nur wenige Meter neben dem zu so trefflich zutreffenden Formulierungen wie »Rambo« fähigen kadolischen Stadtdekan stehend. Und hat da-raufhin sein geliebtes Vaterland Wirtemberg – einstmals »Mut-terland der Demokratie« – tränenden Auges spontan in »Rambo-nesien« umgetauft. Und als er später dennoch über das Schutzgitter hinweg mit den unseren zutraulichen heimischen Polizeikräften zur Seite gestellten martialischen Marsmännern aus den germanischen Bruderstaaten freundlich schwätzen wollte, wurden diese von ihren vorgesetzten Goldfasanen sofort zurück-gepfiffen.

Er hätte diesen völlig ahnungslos angereisten armen Burschen so gerne jenes seltsamerweise am 50. Jahrestag der Zerstörung von Dresden vor der Stuttgarter Presse abgegebene staatsmännische Statement unseres fernab vom Schuss im Berliner Exil lebenden Landsmanns Heinz Dürr, Gruselgräber Grubes Vorvorvorgänger

---

* Auf den Hinweis, ein solcher Button sei ja nicht gerade seiner Karriere förderlich, ant-wortete ein den Bauzaun bewachender junger Polizist am Rande einer Montagsdemons-tration: »Da drüben sind meine Eltern, und wenn ich Feierabend hätte, wäre ich bei ihnen.«

Geschlossene Gesellschaft

Wie schön, ein Visionär zu sein,
im ruhigen, stillen Kämmerlein.
Doch könnt es nützen manchem Plan,
ließ man auch mal die Bürger ran ...

Karikatur von Friedcrike Groß*
(Stuttgarter Zeitung vom 16.März 1996!)

* Nicht blutsverwandte Meisterschülerin
von Professor Dieter Groß
an der Stuttgarter Kunstakademie

als Bahnchef, vom 13. Februar 1995 vorgelesen: »Die Art der Präsentation (von Stuttgart 21) im April 1994 war ein überfallartiger Vorgang. Gegner und Skeptiker sind nicht im Stande gewesen, die Sache zu zerreden. Ein Musterbeispiel, wie man solche Großprojekte vorstellen muß.«

Also liebe potentielle Abbesteller, haltet doch bitte, bitte, bitte (au scho mir zlieb) dem vorliegenden Intelligenzblatt, das »so gute, geistreiche, traurig wahre, kernige, die Situation genau auf den Punkt treffende, mit gekonnten einmaligen spitzfindigen Anmerkungen die Lage in Stuttgart aufs Beste ansprechende Artikel« (Leserbrief von OStD H.-J. W. in L.-E.) freimütig abdruckt, auch fürderhin die ewige Treue.

Und wenn unser ungewählter, ungewollter Herr Noch-Ministerpräsident Mappus tatsächlich anscheinend keinen besseren Kandidaten und Kameraden mehr finden konnte als Drexler-Ersatz wie den neuen Projektsprecher Andropof, oder wie der heißt, dann geht dieses b(löd)estgeplante Projekt Stuttgart 21 auch voll den Nesenbach na. Hat der hoch dekorierte Denger aus Dettenhausen nicht bei dieser Holzfällerpressekonferenz am 28. September so schön schabowskihaft von seinem Spickzettel abgelesen: »Ich gehe davon aus, dass da rund ›ääh‹ 25 Bäume in den Parkanlagen entfernt werden müssen und ›ääh‹ dass dann ›ääh‹ darüber hinaus noch etwa ›ääh‹ 80 ›ääh‹ Bäume im weiteren ›ääh‹ Umfeld ›ääh‹ entfernt ›ääh‹ werden ›ääh‹ müssen.« ›Ääh‹ also ehrlich wahr! Dieses Gestottere im ›ooh‹ Heimatland vom Abraham a Santa Clara und Hansmartin Decker-Hauff! Das erinnert doch stark an dem Edmund Stoiber sein weltberühmt gewordenes Gschwätz vom Transrapid seinerzeit in München. Und bald darauf sind ja beide baden gegangen.

Nachtrag:

Arms Deutschland! Arms Wirteberg! Arms Stuegert!

Mistkefer statt Juchtenkäfer …

»Ich finde es unglaublich, was da passiert. Andauernd werden die
Pannen des Großprojekts aufgedeckt. Egal, ob Kostensteigerung,
fehlender Brandschutz, gefährliche Bahnsteige. Die Leute, die S 21
betreiben, machen ungerührt weiter, der gesunde Menschenver-
stand spielt überhaupt keine Rolle mehr. Wozu braucht eine Stadt
wie Stuttgart ein Bahnhofsprojekt, das zehnmal so teuer ist wie der
neue Berliner Bahnhof? Ein Projekt, für das man sechzig Kilometer
Tunnel graben muss, ein Eingriff, der die ganze Stadt verändert?
Das zeugt von einer unfassbaren Hybris der Verantwortlichen.«
Matthias Richling (Interview in den »Stuttgarter Nachrichten«
vom 30. August 2013)

»Eberhard der mit dem Barte – Württembergs geliebter Herr!«

Du »Princeps sapientissimus Germaniae!
(»Weisester unter den Fürsten Teutschlands!«)
Du »Wegbereiter der Demokratie in Württemberg!«
(»Mir hend en Wirteberg scho en Landtag ghet, da isch dr Columbus no uffem Scheißhäfele ghockt!«)
Du »Baumeister der Gelehrtenrepublik Schwaben!«
(»Der Schiller und der Hegel …«)
Du Vater unserer vielhundertjährigen »Alma mater Tubingensis«
(Der »Intelligenzfabrik im Neckar-Athen!«)
Du Urheber einer avantgardistischen Umweltgesetzgebung, der Schwäbischen Kehrwoche!
(Jener »segensreichen, in fünf Jahrhunderten bewährten seuchen-hygienischen Präventionsmaßnahme nach dem ökologisch wie soziologisch sinnvollen Verursacherprinzip unter strikter Anwendung des basisdemokratischen Rotationsverfahrens!«)

Geboren anno 1445 zu Urach. Und viel zu früh gestorben anno 1496 zu Tübingen. Zunächst begraben im Schönbuch auf dem Einsiedel. An dessen Grabstätte »Kayser Maximilianus I. mit Thränen gesagt: In dieser Begräbnuß ligt ein solcher Fürst, dessen Rath ich offt gebraucht, und deme ich an Verstand und Tugend im gantzen Röm. Reich keinen zu vergleichen weiß!«
Seit 1537 in der Stiftskirche zu Tübingen.

Mit Recht hat Dir »Dein dankbares Volk« Denkmäler errichtet.

Anno 1859, dem »Begründer der bürgerlichen Freiheit in unserem Lande« (O-Ton des Paulskirchenabgeordneten Friedrich

Römer bei der Enthüllung) im Hof des Neuen Schlosses, unter König Karl ins Alte Schloss gestellt, geschaffen vom Hofbildhauer Ludwig Hofer. Aus Bronze, hoch zu Ross, martialisch mit erhobenem Schwert, der geniale Großkopfete, der doch zeitlebens »den Frieden liebte« und das Schmalz nicht im Oberarm, sondern im Oberstübchen hatte …

Anno 1881, dem »Wiedervereiniger des Landes Württemberg« im Schlossgarten, geschaffen vom Bildhauer Paul Müller. Aus mühsam aus Südtirol herbeigeholtem Laaser Marmor, im Schoße eines Untertanen liegend, wie das der Justinus Kerner in der »Württembergischen Nationalhymne« namens »Preisend mit viel schönen Reden« 1817 so ergreifend besungen hat. Sie berichtet von jenem 21. Juli 1495, als Graf Eberhard »zu Worms im Kaisersaal« von Maximilian zum Herzog erhoben und zugleich als Herrscher eines armen Landes von den viel reicheren Reichsfürsten zum »reichsten Fürsten« gekürt wurde, dieweil er von seinen Landeskindern so sehr geliebt wird, dass er sich vor jenen nicht zu fürchten braucht, sondern im Gegenteil »sein Haupt kann kühnlich legen jedem Untertan in Schoß.« Diese Geschichte ist nun nicht die Erfindung eines um einen Orden, um eine Beförderung buhlenden Fürstenschleimers, sondern der Augenzeuge Johannes Reuchlin hat sie so miterlebt und seinem Verwandten Philipp Melanchthon weitererzählt, und der wiederum seinem Freunde Martin Luther in Wittenberg, und aus dessen »Tischreden« hat sie sich schließlich über halb Europa verbreitet.

Das anrührende Monument hat all die Jahre unversehrt überlebt, auch als die Haupt- und Residenzstadt Stuttgart im XX. Saeculum von auswärtigen Bomberpiloten und einheimischen Kommunalpolitikern zerstört wurde. Und wie oft haben sich viele zehntausend rechtschaffener Landsleute im edlen Angesichte des guten Grafen Eberhard und seines getreuen Untertanen versammelt, um die von einer Horde hirnarmer Hurgler in Regierung, Landtag und Rathaus, Arm in Arm mit der Deutschen Bahn, Hand in Hand mit der Immobilienmafia geplante Zerstörung des von Württembergs letztem König Wilhelm II. – dem »Demokraten auf dem Königsthron« – und seinem Ministerpräsidenten Carl Hugo Freiherr von Weizsäcker beim Baumeister Paul Bonatz in Auftrag gegebenen und so schön geratenen Hauptbahnhofes und des Königlichen Schlossgartens zu verhindern.

Aber ein nur dank »Muttis« Mithilfe durch die Hintertür auf den Thron der Villa (Brech-)Reitzenstein gelangter Machtmensch vom Phänotyp eines Metzgergesellen, hat mit einer in diesem Ländle seit den »Tausend Jahren« nie mehr erlebten und für möglich gehaltenen Brutalität und allen Protesten zum Trotz mit Hilfe landeseigener Wasserwerfer und aus halb Deutschland herbeigeholter Holzprügel sowie teuer gekaufter Abbruchbagger und Motorsägen dieser Schönheit ein Ende bereitet und im Herzen der einstigen »Großstadt zwischen Wald und Reben« auf Kosten der Steuerzahler eine Wüstenlandschaft entstehen lassen. Und abgesehen davon, dass es für uns Untertanen größere Glücksgefühle gibt als die, den Riebelesmöckel eines Mappus im Schoß liegen zu haben, ist ja mittlerweile auch sein Volk leider Gottes »nemme dees«, was es mal war. Wie sonst ist es im einstigen »Land der hellen Köpfe und der geschickten Hände« möglich gewesen, dass sich bei der Volksabstimmung keine Mehrheit gegen diesen bestgeplanten Irrsinn »Schuttkack 00« gefunden hat? Aber war von einem Volk, das extra einer japanischen Atomkatastrophe bedurfte, um diesen katastrophalen Kerle loszuwerden, tatsächlich etwas anderes zu erwarten?

Sei's drum. Unser anheimelnder monumentaler Eberhard samt Untertan hat jetzt seinen angestammten Platz im bürgerkriegszerstörten Schlossgarten zwangsweise räumen müssen und wurde jetzt, der Magistrale Paris-Bratislava sein Hinterteil zuwendend, in Sichtweite des Landtages aufgestellt werden. Aberdeshilftjetzaunexmai!

»Es bleibt das schönste Denkmal, wie Eberhards ganzes Dichten und Trachten nur darauf ging, das Volk gegen jede Willkür, gegen jeden Gewaltmißbrauch des Regierenden zu sichern. Graf Eberhard im Bart war und blieb darum der Liebling seines Volks, aber er war nicht minder geliebt und geachtet im ganzen Reiche.«

Wilhelm (Achtundvierziger und »Bauernkriegs-«) Zimmermann, Die Geschichte Würtembergs, Stuttgart 1,1836-2,1837. Dort 1,481 f.

»Auf Melanchthon geht die Anekdote zurück, die Justinus Kerner in das Gedicht ›Preisend mit viel schönen Reden‹ umgeformt hat: Eberhard sei auf dem Reichstag von Worms als der reichste deutsche Fürst gepriesen worden, weil er jedem seiner Untertanen unbedenklich den Kopf in den Schoß legen könne. Das rührende Bild ist im denkmalsfreudigen 19. Jahrhundert von einem Bildhauer nachgestaltet worden; die Plastik steht heute im Stuttgarter Schloßgarten. Aber der Kern dieser Anekdote ist nicht rührselig. Sie verdeutlicht, daß es Eberhard gelungen ist, das Vertrauen der von ihm Regierten zu erwerben. Allzuvielen Politikern kann das nicht nachgesagt werden.«

Felix (Zwangswengerter 33–45) Berner, Baden-Württembergische Portraits, Stuttgart 1985

Der reichste Fürst
Von Justinus Kerner

Preisend mit viel schönen Reden
Ihrer Länder Wert und Zahl,
Saßen viele deutsche Fürsten
Einst zu Worms im Kaisersaal.

Herrlich, sprach der Fürst von Sachsen,
Ist mein Land und seine Macht,
Silber hegen seine Berge
Wohl in manchem tiefen Schacht.

Seht mein Land in üpp'ger Fülle,
Sprach der Kurfürst von dem Rhein,
Goldne Saaten in den Thälern,
Auf den Bergen edlen Wein!

Große Städte, reiche Klöster!
Ludwig, Herr zu Bayern, sprach,
Schaffen, daß mein Land dem euren
Wohl nicht steht an Schätzen nach.

Eberhard, der mit dem Barte,
Württembergs geliebter Herr,
Sprach: Mein Land hat kleine Städte,
Trägt nicht Berge silberschwer;

Doch ein Kleinod hält's verborgen:
- Daß in Wäldern, noch so groß,
Ich mein Haupt kann kühnlich legen
Jedem Unterthan' in Schoß.

Und es rief der Herr von Sachsen,
Der von Bayern, der vom Rhein:
Graf im Bart! Ihr seid der reichste,
Euer Land trägt Edelstein. »

Wie, warum, auf welchem Wege und zu welchem Zwecke wird man Bestsellerautor?

Immer wieder wurde und wird der gutmütige Verfasser, meistenteils aus Kreisen des der Kunst des Lesens erfreulicherweise noch mächtigen mitteleuropäischen Bildungsbürgertums, gelegentlich aber auch von (manchmal mit Recht) mit ihrer zeitgenössischen Lyrik, ihrer den Leser erbarmungslos erlahmenden Romanliteratur bisher erfolglos gebliebenen Kolleg/inn/en, öfters auch von manuskriptbeladenen Mitbürgern auf der in der Regel zeitlebens vergeblichen Suche nach einem Verleger, gefragt, wie er es eigentlich geschafft hat, einerseits mit nur schwer und mühsam zu entziffernden Mundarttexten zum weltweit »meistgelesenen Dialektautor der Gegenwart« zu werden, andererseits mit unleserlichen und furztrockenen wissenschaftlichen Wälzern so sehr erfolgreich zu sein, dass er mit dem Erlös seiner dennoch schwer beliebten schweren Schinken beispielsweise Pilgerherbergen stiften oder tatkräftig an der Rettung mittelalterlicher Dome mitwirken konnte. Und wie es möglich war, dass ihm schon in jugendlichen Jahren das Bundesverdienstkreuz* verliehen wurde. (Das er aber postwendend weiterschenkte, dem strengen Befehl seines väterlichen Freundes Thaddäus Troll folgend:
»Wehe, Du nimmsch des an, des Bundesverdienstkreuz isch eine Alterserscheinung wie Glatze, Bauchschwarte und Plattfüße.«
Oder noch deutlicher: »Das B. isch wie Hämorrhoiden. Früher oder später kriegt sie jedes A.«)

---

* Nach bisher nicht dementierten Angaben der »Stuttgarter Zeitung« (10. September 2013) »sitzt oder saß jeder gefühlte fünfte Träger dieser Auszeichnung schon mal im Gefängnis.«

Künftig können nun diese lebenszeitstehlenden Fragesteller/innen pauschal auf die nachfolgenden Zeilen verwiesen werden:

Also, der Verfasser hatte einerseits den goldwerten Vorteil, von seiner der Sielminger Schultheißenfamilie eines Philipp Matthäus Hahn entstammenden filderbäuerlichen Frau Großmutter bereits als kleines Kind im Kuhstall und auf dem Acker mit den schönsten Versen von Fontane, Hölderlin, Mörike, Schiller & Cie und aus Bibel und Gesangbuch beglückt und lebenslänglich geprägt zu werden. Andererseits hatte er die Freude und das Vergnügen, bereits in der praekonfirmationellen Phase seiner arm-seligen Jugend als einfacher, bereits vor dem morgendlichen Schulbesuch unter Zuhilfenahme einer Mistgabel mit altersmäßig zumutbaren landwirtschaftlichen Tätigkeiten ausgefüllter Bauernknabe inmitten hauptsächlich aus (ein-)gebildeten Akademikerkreisen stammenden Oberschulkameraden erste schüchterne Erzeugnisse seiner Feder in so bedeutenden Massenmedien wie der »Allgemeinen Zeitung« (vgl. S. 123), der »Rasselbande«, der »Bäckerblume« oder in der von der Kinderkirche verteilten zauberhaften Zeitschrift »Der Jugendfreund« abgedruckt und sogar auch noch honoriert zu bekommen. Später kamen zwar nulltarifliche, aber auch nach nun beinahe einem halben Jahrhundert noch lesbare, ebenso geistig hoch stehende wie tiefsinnige Beiträge als Fingerübungen und Hirngymnastik in der Schülerzeitschrift »Sinus« des König-Wilhelms-Gymnasiums hinzu.

In jenen Jahren, da wo er sich – im Gegensatz zu manchen im Leben weit gekommenen Kommilitonen, die wo sich ihr Bafög mit dem mit schöner, aber schön dämlicher Weiblichkeit besetzten Sportwagen abholen durften – sein Studium als Bahn-, Bau-, Flughafengepäckarbeiter und wissenschaftliche Hilfskraft eigenhändig verdient hat, mussten sich seine literarischen Fähigkeiten schon mit Rücksicht auf die Regelstudienzeit zwangsweise auf die Abfassung von fachidiotisch formulierten Seminar- und Examensarbeiten konzentrieren.

Und während der brave Herr Student im Zeitalter der allgemeinen Willy-Willy-Hysteuphorie (die sich in der Nachkriegszeit nicht unbedingt um die Schönheit unserer Landeshauptstadt verdient gemacht habende SPD rechnete damals bei den nächsten Wahlen allen Ernstes mit 80 % der Wählerstimmen!), voller Scham gibt er's offen zu, sich schon aus taktischen Gründen der ausgleichenden Waagscheißerei bereits auf der Gegenseite einschreiben lassen wollte, tauchten in der Stuttgarter Presse anno 1970 wahnwitzige CDU-Pläne zur brutotalen Betonierung des von seinen Altvorderen bereits in der Karolingerzeit gerodeten und besiedelten Heimatdorfes »Tegerlohe« auf. Als emotionalexistenziell zutiefst getroffener und entsetzter Rufer in der (Beton-)Wüste stand er damals ziemlich einsam und allein auf weiter Flur und wurde in den Augen der (im schwäbischen Sinne sehr »interessierten«) Befürworter dieser Kotzbrockenarchitektur zum »Rebellen und Quertreiber.« Aber nicht er (seine Leserbriefe blieben ungedruckt), sondern nachmals die Ölkrise von 1973 und das »Jahr des Europäischen Denkmalschutzes« 1975 haben dann doch das Allerschlimmste verhindert. Und obwohl heute aber wirklich jeder halbwegs intelligente Mitbürger fragt, wie man denn überhaupt auf einen solchen derart unendlich dackelhaften Irrsinn kommen konnte, hocken dessen Inia-Toren jetzt schon in der zweiten Generation im Stuttgarter Stadtrat, wenn sie nicht gerade auf Steuerzahlerkosten in der weiten Welt rumreisen dürfen …

Da kam das Jahr 1971 und der Verfasser auf den Gedanken, mit seinen von Glück, Gesundheit, Frieden und Freiheit verwöhnten Waldheimkindern im Weidachtal – zehn Sommer hat er dort mit und zur Freude der in der praepilluralen Phase noch kräftig nachwachsenden Degerlocher Dorfjugend verbracht und seine Ferien geopfert – etwas für die in Armut, Elend und Krankheit lebenden Altersgenossen in der weiten Welt zu tun.

Und mit der daraufhin errafften, seinerzeit für damals überaus stattlichen, ja gigantischen Summe von 3 333,33 Mark konnte die »Christoffel-Blindenmission« dann 666 afrikanischen Kindern das Augenlicht retten.

wurde 1954 n. Chr. durch die
beherzte und schlagfertige Initiative
der >Weiber von Degerloch< vor
Abholzung & Betonisierung bewahrt

in vorlaufig noch
unbetoniertem Zustand
(ausgesprochene Rarität)

Degerlocher

vergossen anlässlich der
Zwangseingemeindung nach
Stuttgart am 1. August 1908

nach Verlassen des Finanzamts
in Stuttgart

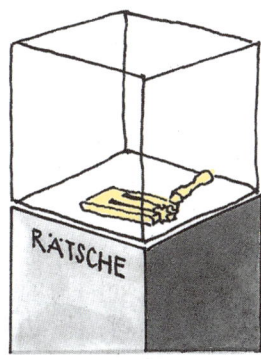

RÄTSCHE

Früher im Besitz jedes
Degerlocher Wengerters,
jetzt hauptsächlich bei
Neudegerlochern anzutreffen

ALTE
PFEIFEN

Vormals beliebtes Freizeitgerät
in Degerloch, jetzt vornehmlich
im Stuttgarter Gemeinderat
vorhanden

Heimatmuseum.

DEGERLOCHER DEGERLOCHER
LUFT   LUFT
1907   2013

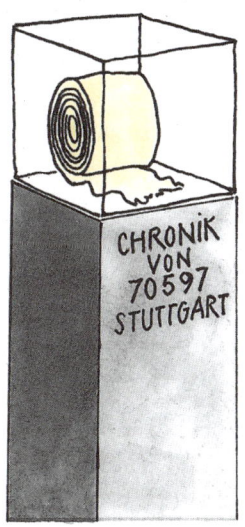

CHRONIK
VON
70597
STUTTGART

Was während dieser avantgardistischen altruistischen Aktion an philanthropischer Phantasie auf den Fildern den juvenilen Köpfchen entsprang, ist für jeden Kenner der Materie ein erneuter Beweis jener unerschöpflichen Erfindungsgaben und des Einfallsreichtums, wie sie eben nur dem Schwabenstamme zu eigen sind. Ausgeschöpft wurden selbstredend sämtliche konventionellen Möglichkeiten der Kinder, an Geld zum Spenden heranzukommen: Abtrocknen, Autowaschen, Babysitten, Blumengießen, Geigenspiel, Gesangsständchen, Geschirrspülen, Hundeausführen, Kehrwoche, Klavierkonzerte, Rasenmähen, Unkrautjäten, etc. Ein höheres Töchterlein aus dem Villenviertel bettelte den Vater um ein Promille jener Summe an, die das neue Auto gekostet hatte – glücklicherweise war's ein Mercedes. Ein Knabe aus der Falterau verkaufte Eintrittskarten in den Degerlocher Wald, andere verzichteten auf Eis und Schlotzer, manche überreichten strahlenden Gesichtes ihr (im bargeldlosen Waldheim ja ohnehin nicht benötigtes) Taschengeld.

Bedeutende Erträge erbrachten auch der Verkauf von Bastelarbeiten auf dem Degerlocher Markt, vor allem aber die Verscherbelung des eigens zu diesem Zwecke erfundenen »Unfehlbaren Raucherentwöhnungsmittels ANTIPAFF®« (1 Flasche 5 DM – »Gebrauchsanleitung: Zigarette vor dem Anzünden 3x kräftig eintunken. Bei Nichterfolg garantiert Geld zurück!«) und des »Sonderangebots« von »Degerlocher Intelligenzzwetschgen Stück 1 DM.« (Zum Vergleich: Als studentischer Bauarbeiter beim bekannten und spendablen Bauunternehmer Gustav Epple hatte der Verf. damals einen Bruttostundenlohn von 4,31 DM.) Entsprechend war die Reaktion der zunächst geschockten Degerlocher Kundschaft: »Was?! Eine Mark für eine Zwetschge?! Das ist ja entsetzlich teuer!« »Sehen Sie, es wirkt bereits. Also greifen Sie zu!« (Anmerkung: Im darauf folgenden Sommer kamen angesichts der sich bereits abzeichnenden Ölkrise »nur« noch 2 222,22 DM für die »Kindernothilfe« zusammen.)

Die Journalistin Uta Schlegel-Holzmann hat in der sommerlichen Sauregurkenzeit in der »Stuttgarter Zeitung« ausführlich und liebevoll über diese außergewöhnliche Aktion berichtet und deren Urheber dann ihrem aus Brünn gebürtigen Lokalchef Gerhard Eigel empfohlen, der gerade dringend einen Dialektschreiber für sein 1945 von dem begnadeten Dialektdichter Sebastian Blau gegründetes, hoch angesehenes Intelligenzblatt brauchte.

Und so ist halt aus dem Waldheimonkel statt eines braven linientreuen Studienrats mit Pensionsanspruch, Parteibuch und Pantoffeln mittlerweile mit seiner frechen Feder ein von Richard Freiherr von Weizsäcker als »Wohltäter der Menschheit« gerühmter und von Loriot seligen Angedenkens hoch geschätzter »Multimillionenstifter mit Minimaleinkommen« – also eine in den Augen geldgeiler Zeitgenossen gescheiterte Existenz geworden, gemäß seiner im »Hirn I« veröffentlichten »Comparatio suevica: gscheit, gscheiter, gscheitert«.

Bald erfreuten sich seine schwäbischen Glossen, Geschichten und Satiren wachsender Wertschätzung in der Leserschaft sogar bis hinauf ins Professoren- und Intellektuellenmilljöh und vor allem zweier so gegensätzlicher literarischer Lehrmeister wie Professor Dr. Josef Eberle alias Sebastian Blau (1901–1986) und Dr. Hans Wilhelm Bayer alias Thaddäus Troll (1914–1980). Was Wunder, wenn zuletzt neunundzwanzig (i. Z.: 29) mehr oder weniger altehrwürdige angesehene deutsche Verlage ein Geschäft witterten und sich eifrig und offensiv um die Abdruckrechte bemühten. Der Verfasser, der sich seinerzeit mit der Abfassung seiner Dissertation über das Haus Württemberg abmühte, teilte den Antragstellern pauschal, aber höflich und durchnummeriert in schönstem Amtsdeutsch mit, dass er sich bis zu deren Fertigstellung »mit der Menschheit nur noch in hochadeligem und verwestem Zustand abgeben, dann aber die freundlichen Angebote in der Reihenfolge ihres Eingangs einer wohlwollenden Prüfung unterziehen werde.« Gutnasigen und weitsichtigen Literaturagent/inn/en jedoch erteilte er seine Absagen etwas weniger diplomatisch mit dem Hinweis, er brauche doch keinen Zuhälter.

Das Geld für die langwierige und -jährige Prozedur der Promov.
viererei hatte er sich zu seinem bis an das Ende seiner irdischen
Tage anhaltenden Kummer nicht weiter auf dem Flughafen bei
den überaus lieblich anzuschauenden und Hirn, Herz und Seele
beflügelnden Stewardessen von der AIR FRANCE, ALITALIA,
BEA, LUFTHANSA, PANAM, SABENA, SAS, SWISSAIR, sondern auf Wunsch, also Befehl seines brillanten Doktorvaters Professor Dr. Hansmartin Decker-Hauff (1917–1992) vorab durch
eine Stadtschreibertätigkeit beim Archiv der Stadt Stuttgart selbst
verdient, das damals schon nicht mehr von dem guten Dr. Hermann Vietzen (1902–1984) und noch nicht von dem guten Professor Dr. Paul Sauer (1931–2010) geleitet wurde.

Anno 1978 war seine »Chronik der Stadt Stuttgart 1954–1960«
fertig. Da aber die städtische Textkastratur (laut Artikel 5 des
Grundgesetzes gibt es ja keine Zensur) das abgelieferte Manu-
skript hinter Raffs Rücken sehr sorgfältig bearbeitet hat, wird der
Leser dieses ersten zwischen Buchdeckel gelangten Raffschen
Machwerks unter vielem anderem beispielsweise nie erfahren,
dass und warum der einen Porsche mit dem Autokennzeichen
S-EL 1 fahrende OB Klett und sein fachlich ebenso wie mensch-
lich brutaler Bauigel Hoss unbedingt das Neue Schloss weghaben
wollten. Lediglich beim alphabetischen Register hinten hat der
Stuttgart und die Schwaben verachtende, preußischstämmige
Zensor und Vorgesetzte, der dafür bekannt war, dass er besser
Sektgläser denn Reden halten konnte, nix weggestrichen, vermut-
lich aus Faulheit, und so ist dort für alle Zeiten zu lesen: »Denk-
malpflege, siehe Abbruch.«

Die zehn Freiexemplare, die dem dann sofort und freiwillig und
freudigen Herzens für immer aus städtischen Diensten geschie-
denen »Autor« zugeteilt wurden, hat er aus schwäbischer Scham-
haftigkeit nur im engsten Freundes- und Familienkreis verschenkt
und mit folgender Widmung in Schönschrift versehen:

Degerlocks Beitrag
zum Arzneimittelkostendämpfungsgesetz
der Bundesregierung
Bei Schlafstörungen
1x nächtlich
1/2 Seite

Dann ist ihm 1980 unter dem Mittagsgeläute der Stiftskirche und den Worten des ihm von ihr einst beigebrachten 23. Psalms die gute Großmutter weggestorben, und er war dabei, als sie sichtlich und hörbar ihre Seele aushauchte. Tags darauf, in Schorndorf, der Geburtsstadt solcher Mannsbilder wie Karl Friedrich Reinhard, Johann Philipp Palm, Gottlieb Daimler, Reinhold Maier und der tapferen Weiber um die aus Leutkirch gebürtige Bürgermeistersgattin Anna Barbara Walch-Künkelin, hatte er seine letzte Lesung mit dem väterlichen Freund und Förderer Thaddäus Troll, der auf den Tag genau ein Dritteljahr später freiwillig aus dem Schwabenland und dem Leben schied.

An den Iden des März MCMLXXV hatte dieser bei aller Zuneigung zur SPD zutiefst königstreue Cannstatter den ihm bei einem Mundartwettbewerb des Stuttgarter Senders aufgefallenen Degerlocher in den von ihm gegründeten und geleiteten Verband Deutscher Schriftsteller aufgenommen und in den folgenden Jahren oftmals ihn und andere »latente Talente« im »Känguru-Verfahren« zu seinen Lesungen ländlauf ländleab mitgenommen, wo dann das Publikum gezwungen wurde, die noch namenlosen, aber hoffnungsvollen Nachwuchspoeten geduldig anzuhören, ehe dann der große Matador, dessentwegen der Saal ja so gestopft voll war, an das Mikrophon trat.

230

Nach Jahren der Tag- und Nachtschafferei, wo er bei seinen Forschungen zu den geliebten Wirtembergern erneut den Wahrheitsgehalt des in Studententagen gehörten, (heutzutage gottlob nur noch selten zutreffenden) Spruches »Das Archiv ist eine Aufbewahrungsstätte a) für Archivalien b) für lebensuntüchtige Akademiker« und der von dem von einer schwäbischen Mutter geborenen Lenin stammenden, späther von Lothar Späth übernommenen und praktizierten Erkenntnis »Wer nichts taugt, kommt ins Archiv!« am eigenen Leib schmerzlich erfahren musste, war es am Sankt Laurentius Tag des Orwelljahres 1984 dann endlich soweit, die neuneinhalbpfündige Doktorarbeit eingereicht und das Rigorosum trotz aller Fangfragen glücklich bestanden. Und der Verfasser fuhr in der Woche darauf per Straßenbahn mit den Manuskripten von »Hie gut Wirtemberg allewege!« und »Herr, schmeiß Hirn ra!« unterm Arm in die Neckarstraße zu dem bekennenden Sachsen Ulrich Frank-Planitz (1936–2011), Verleger der 1848 von dem Degerlocher Raff-Nachkommen Eduard von Hallberger (1822–1880) gegründeten Deutschen Verlags-Anstalt, deren im Dritten Reich zwangsweise als Rotenberger Wengerter tätiger Cheflektor Felix Berner bei der Vorstellung von Kollege Georg Holzwarths schubartpreisgekröntem Kabinettstück »Jetz grad mit Fleiss ed« im Sommer 1977 am Schloss Rosenstein den Druck der beiden Bücher zugesagt hatte.

An den Iden des März MCMLXXXV – merkwürdigerweise auf den Tag genau zehn Jahre nach der oben geschilderten Begegnung mit Thaddäus Troll – lag dann das 144 Seiten dünne »Hirn I« auf dem edlen Büchertisch der DVA, am 8. 8. 88 das 694 Seiten dicke »Wirtemberg I« daneben. Von letzterem war die erste Auflage schon nach einer Woche – noch vor der offiziellen Vorstellung – vergriffen. Und auch das Hirn ist weggegangen wie warme Wecken, in den Adventstagen 85–88 war es regelmäßig schon lange vor Weihnachten ausverkauft, die Druckerei konnte mit den neuen Auflagen nie rechtzeitig nachkommen.

Zu diesem, trotz damals schon längst erfolgtem Abebben der Mundartwelle, doch etwas überraschenden antizyklischen Erfolg trugen nach bisher unwidersprochener Auffassung des Verfassers wesentlich bei:

1) Die kostenlose Mundpropaganda einer begeisterten, unter anderem von britischen Thronfolgern über Bundespräsidenten und Nobelpreisträger samt Weltraumfahrer bis hin zu Lieschen Müller, Marion Mustermann und Otto Normalverbraucher reichenden Leserschaft.

2) Die Verleihung des Thaddäus-Troll-Preises, die den dem Verfasser seinerzeit nachgefolgten Stuttgarter Stadtchronikschreiber anscheinend derart beeindruckt hat, dass er diese Sternstunde dort gleich zweimal stattfinden lässt: korrekt am 13. November 1985 und erneut am 13. Dezember 1985 …

3) Der Direktverkauf auf dem Degerlocher Markt am Stand seiner 1989 inmitten ihrer Sonnenblumen (mit zuletzt 182,46 DM Monatsrente) verstorbenen Mutter Anna Raff, die schon zu Zeiten, als ein »Grüner« noch ein Landpolizist oder das Synonym für das Endprodukt der Rachenschleimhaut war, keine Giftspritze und keinen Kunstdünger verwendete. »Die Rettich ond die gelbe Rüebe send so guet, jetzt wöllet mr des Hirn au no probiere!« Und bei »Hie gut Wirtemberg allewege! II« standen 1992 trotz Eiseskälte endlose Schlangen vor dem Krautwägele wie einst im Ostblock, wenn's Bananen gab.

4) Die unermüdlich geschriebenen kalligraffischönen individuellen Widmungen für den/die Käufer/in mit dem von Thaddäus Troll geschenkten, mittlerweile leider gestohlenen Dienstsiegel der »Exilregierung Degerloch« und dem zum Markenzeichen gewordenen Deger-(Pfeil)-Loch. Merke: »Margarete Steiff hat Knopf im Ohr, Raff hat Loch im Buch«. Der von 1984 bis 1994 zur ungeteilten Freude seines von 1945 bis 1990 geteilten und dann gottlob endlich wiedervereinigten Vaterlandes amtierende Bundespräsident Dr. Richard Freiherr

von Weizsäcker hat dies in seinem zu Weihnachten 1986 verfassten und bislang einzigen gedruckten Gedicht folgendermaßen beschrieben:

> »Der Geist ist rege – reger noch
> Ist er jedoch – im Degerloch.
> Und das beweisen, man ist baff,
> der Theo Heuss und Gerhard Raff.
> Der Herr schmiß beiden, nicht zu knapp,
> Vom Himmel reichlich Hirn herab …«

Im Glücksgefühl, eine derartig liebe Leserschaft sein eigen nennen zu dürfen sowie im Wissen, das in jeder menschlichen DNA, insbesondere der schwäbischen, vorhandene Gen der Raffgier auf diese schöne, aber leider seltene Art positief altruistisch sublimieren zu können, und aus Dankbarkeit a) für Frieden, Freiheit und Gesundheit und b) die Gnade der schwäbischen Geburt hat der Verfasser den Erlös seiner Bestseller samt der Honorare für seine Lesungen von Anbeginn an (nicht dass, sondern weil sie gut laufen!) für soziale, ökologische und kulturelle Projekte in Württemberg und der weiten Welt verstiftet und dabei auch ganz schön so nebenher den uns beschützenden und so sorgfältig über uns wachenden Stiefvater Staat beschenkt.

Bei aller berechtigten und nötigen Kritik an bananenrepublikanisch-mafidiotischen Strukturen und manchen Spitzen unserer gewählten Obrigkeit (um mit Wilhelm Scheiksbier zu sprechen: »Something is rotten in the state of Beytlesbach / Es ist etwas faul im Staate Beutelsbach«) müssen und können wir doch oineweg ganz schön froh und dankbar sein und offen zugeben, dass der englische Premierminister Sir Winston Churchill (1874–1965), der Nachkomme des am 13. Juni 1704 im Lamm zu Großheppach mit Prinz Eugen von Savoyen (1663–1736) und dem »Türkenlouis« Markgraf Ludwig Wilhelm von Baden (1655–1707) erfolgreich Kriegsrat haltenden John Churchill, Herzog von Marlborough, Fürst von Mindelheim (1650–1722), nicht irrte, wenn er meinte: »Democracy is the worst form of government except for all those others that have been tried. / Demokratie ist die schlechteste Form von Regierung, mit Ausnahme all der anderen, die ausprobiert wurden.« Und, man kann's gar nicht oft genug hören, wir dürfen nochmals den Remstäler Reinhold Maier zitieren: »Mir hend en Wirteberg scho en Landtag ghet, da isch dr Columbus no uffem Scheißhäfele ghockt!«

Also passet uff se ond Euch uff ond bleibet xond!

Dr. Gerhard Raff

Jahrgang 1946, aus alter Degerlocher Bauern- und Wengerterfamilie. Von seiner Großmutter bereits als Kind im Kuhstall mit Schiller & Hölderlin, Bibelversen & Landesgeschichte(n) beglückt. Von seiner Mutter, die als Letzte des Dorfes noch bis anno 65 mit dem Kuhfuhrwerk auf den Acker fuhr, frühzeitig im richtigen Umgang mit Rindviechern unterwiesen. Vom Volksschullehrer zwangsweise auf der Oberschule angemeldet und damit zum sozialen Abstieg verurteilt: Abitur, Werkstudent (Eisenbahn-, Bau-, Flughafengepäck- und wissenschaftlicher Hilfsarbeiter), Studium der Geschichte und Theologie an der Universität Tübingen, zur Finanzierung seiner Dissertation eine elend lange Weile beim Archiv der Stadt Stuttgart tätig, Promotion bei Professor Hansmartin Decker-Hauff mit »Hie gut Wirtemberg allewege!«

Seit 1973 schwäbischer Kolumnist der »Stuttgarter Zeitung«.

Dank seinem 1985 bei der Deutschen Verlags-Anstalt erschienenen, vielfach preisgekrönten Klassiker »Herr, schmeiß Hirn ra!« weltweit »meistgelesener Dialektautor der Gegenwart.« Die von Loriot illustrierte Fortsetzung »Mehr Hirn!« (1995) hat bereits ein Jahr nach Erscheinen über 1,25 Millionen DM zur Rettung des Doms in dessen Vaterstadt Brandenburg an der Havel eingebracht. Hat die ihre Mitarbeiter in Stuttgart auf die Straße setzende und nach München abwandernde DVA 2000 gemeinsam mit Manfred Rommel unter Protest verlassen. »Das dritte Hirn« (2005) wurde in »Presse, Funk und Fernsehen« (wg. einer darin enthaltenen Majestätsbeleidigung eines oberschwäbischen Räuberhauptmanns) mit keiner Silbe, keiner Sendesekunde bedacht.

Unterstützt mit seiner ihm von den Spitzen der Obrigkeit und der mit diesen verbändelten Beton- und Asphaltmafia viel Kummer und etliche Rauswürfe eingebracht habenden »frechen, aber segensreichen Feder und Gosch« seit drei Jahrzehnten tausenderlei soziale und kulturelle Projekte in Württemberg und der weiten Welt.

Wurde als »Multimillionenstifter mit Minimaleinkommen« von der »Schwäbischen Zeitung« zu den 60 bedeutendsten Köpfen des 60 Jahre alten Bundeslandes Baden-Württemberg gezählt und von Dr. Elke Knittel vom »Württembergischen Landesmuseum« im Vorwort ihres Standardwerkes »Spätzle, Maultaschen & Co« mit »Barbarossa, Götz von Berlichingen, Herzog Eberhard im Barte, König Wilhelm I., Mechthild von der Pfalz, Franziska von Hohenheim, Wieland, Mörike, Hauff, Schubart, Hölderlin und Schiller, Hegel und Philipp Matthäus Hahn, Dannecker, Sebastian Blau, Thaddäus Troll, Gerhard Raff, Zeppelin, Daimler, Porsche und Bosch« als deren einzig noch Lebender zum »Schwäbischen Nationalheiligtum« erhoben sowie von Bundespräsident Dr. Richard Freiherr von Weizsäcker zum »Wohltäter der Menschheit« erklärt.

Professor Dieter Groß

Maler, Zeichner, Karikaturist, Kabarettist
1937 in Stuttgart geboren. Hier lebt und arbeitet er noch heute.

Vierzig Jahre war er der hiesigen Kunstakademie verbunden:
Vier Jahre als Student (schwerpunktmäßig bei Karl Rössing).
Sechs Jahre als Assistent (bei Hannes Neuner und Hans Gottfried
von Stockhausen).
Dreißig Jahre als Professor.

Ab 1972: Rund 200 Einzelausstellungen, darunter im Wilhelm-
Busch-Museum in Hannover, im Olaf-Gulbransson-Museum in
Tegernsee sowie in den Diözesanmuseen von Warschau und Kat-
towitz.

Etliche Aufträge zur künstlerischen Ausgestaltung von Kirchen.
Neben einem Pauluszyklus in Balingen-Frommern gilt der besondere Akzent der Darstellung von Kreuzwegen: in Stuttgart-Neu-
gereut (St. Augustinus), in Tübingen (St. Michael), in Bildechin-
gen und in Horb-Hohenberg. Aktuelle Passionszyklen befinden
sich seit 2012 in der Liebfrauenkirche Oberwesel und in der
Christus-König-Kirche in Stuttgart-Vaihingen.

Zahlreiche illustrierte Bücher, unter anderem »Rottenburger An-
sichten« – »Langenargen freue dich« – »Engen hat was« – »Bilder-
Buch zu Leben und Liedern von Oswald von Wolkenstein«.

Im 2011 gegründeten Landhege Verlag: »Die Gschicht vom Mose
ond de Zehn Gebot« (2011) und »Schwäbische Juwelen« (2012)

Ab 1968 (und bis heute): Leiter des Stuttgarter Kabarett-Ensem-
bles »Die Pinguine«.
www.pinguine-stuttgart.de

Eiserne Ration

für furchtlose und treue
Württembergerinnen und Württemberger

Dieses „Schwäbische Schatzkästlein" enthält all jene Herz, Hirn und Seele erfrischenden und stärkenden Kostbarkeiten aus Bibel und Gesangbuch, Literatur und Landesgeschichte, die gescheite und aufrichtige Landeskinder in der vormaligen „Gelehrtenrepublik Schwaben" als geistige Grundausstattung noch im Kopf oder wenigstens auf dem Nachttischle haben sollten - von der schwäbischen Schöpfungsgeschichte des Thaddäus Troll bis zu den Flugblättern der „Weißen Rose."

264 Seiten / € 19,90 / ISBN 978-3-943066-16-6

Die Gschicht vom Mose ond de Zehn Gebot

Gerhard Raff – seit seinem preisgekrönten Klassiker „Herr, schmeiß Hirn ra!" (Stuttgart 1985 bei der DVA - 25.Auflage) weltweit „meistgelesener Dialektautor der Gegenwart" – erzählt hier frisch, fromm, fröhlich, frei die aus Kindertagen altvertraute Geschichte von Mose und den Zehn Geboten in der neben Griechisch und Lateinisch wichtigsten Kultursprache des Abendlandes, in schönster schwäbischer Mund-Art. Seine Landsleute Professor **Dieter Groß** und **Bernd Stolz** haben das alles mit ebenso originellen wie faszinierenden farbigen Bildern noch veredelt und so sicherlich einen weiteren Klassiker geschaffen.

Mit einer vom Autor besprochenen CD.

2. Auflage
60 Seiten, € 19,90
ISBN 978-3-943066-03-6

Schwäbische Juwelen

Gerhard Raff hat aus seinen und den Werken so renommierter Dichter wie **Sebastian Blau, Martin Lang, Thaddäus Troll** und **Friedrich E. Vogt** die reizvollsten Rosinen rausgepickt und zu einem schönen Schatzkästlein schwäbischer Kostbarkeiten vereint - vom „St. Nepomuk" bis zur „Fuierwehr von Plattehardt" und vom „Sonntich en Sidnei" bis zu dene „Steile Stuagerter Stäffela" etcetera. **Professor Dieter Groß** und **Bernd Stolz** haben das Buch mit faszinierenden farbigen Bildern versehen.

60 Seiten / Mit CD / € 19,90 / ISBN 978-3-943066-05-0